谨以此书献给天下所有不甘于平凡的人们

不要贪图无所不有，否则你将一无所有；
不要试图无所不知，否则你将一无所知；
不要企图无所不能，否则你将一无所能。

中国工人优秀品格教育读本

崔生祥◎编著

有什么样的品格，就会有什么样的人生，品格决定人生。
优秀的品格是员工晋升的标尺和事业成功的基石！

中国言实出版社

图书在版编目(CIP)数据

中国工人优秀品格教育读本/崔生祥编著.
—北京:中国言实出版社,2010.10
ISBN 978-7-80250-329-8

Ⅰ.①中…
Ⅱ.①崔…
Ⅲ.①职工—品德教育—中国—学习参考资料
Ⅳ.①D412.62

中国版本图书馆 CIP 数据核字(2010)第 158619 号

出版发行 中国言实出版社
地　址:北京市朝阳区北苑路 180 号加利大厦 5 号楼 105 室
邮　编:100101
电　话:64924716(发行部)　64963101(邮　购)
64924880(总编室)　64914138(四编部)
网　址:www.zgyscbs.cn
E-mail:zgyscbs@263.net

经　　销 新华书店
印　　刷 北京市德美印刷厂
版　　次 2011 年 1 月第 1 版　2011 年 1 月第 1 次印刷
规　　格 710 毫米×1000 毫米　1/16　15 印张
字　　数 200 千字
定　　价 29.80 元　ISBN 978-7-80250-329-8/D·352

前言
Preface

无论是拥有五千年文明史的中华民族，还是世界上任何其他民族，对于品格的信仰都如出一辙：每一种真正的美德，每一种优秀的品格，如勤劳、正直、自律、忠诚、自省……都自然而然地得到所有人的崇敬、推崇和效仿，具备这些美德的人常常被推上民族典范的高位，而且千载以后，依然会受到尊敬、景仰甚至膜拜。这其中的原因只有一个——品格是所有高尚灵魂的结晶，是世界上最强大的力量之一。

品格的力量强大恢弘，它可以带来一切，也可以改变一切；它不仅是个人成长的的动力，也是一个民族、一个国家前进的力量源泉。16世纪宗教改革家马丁·路德说："一个国家的繁荣，不取决于它的国库之殷实，不取决于它的城堡之坚固，也不取决于它的公共设施之华丽；而在于它的公民的文明素养，即在于人们所受的教育、人们的远见卓识和品格的高下。这才是真正的利害所在、真正的力量所在。"哪一个民族缺少了品格的支撑，那么，就可以认定它是下一个要灭亡的民族。哪一个民族如果不再崇尚和奉行忠诚、诚实、正直和公正等美德，它就失去了生存的理由。

对于个人而言，品格对于人生更有决定性的意义。品格有好坏，有优劣，有高低。好的品格、优秀的、高尚的品德，总是能最大限度地展现出人作为世界主宰、作为万物之灵的价值和非凡气度。好的品格引领我们无论在任何情况下都能有正确的态度、言语和行动，把自己的潜能发挥到最大，在任何一个岗位上都能表现出最好的自己，让最平凡、最普通的人也变得伟大、高尚和崇高起来。而坏的品格却会把我们带入歧途，让我们一直在荆棘密布、危险重重的人生之路上徘徊挣扎，迷途难返，使我们日渐猥琐、卑劣、下贱，以致找不到人生的方向。所以，培养一个人的优秀品格，对一个人的人生之路至为重要。套用一句话也可以说，有什么样的品格，就会有什么样的人生。

培养优秀的品格，并不是要求我们每一个人都去做一个伟人，要知道，世界上伟大而光辉的人少之又少，而且也并非只有伟人才拥有高尚优秀的品格。每一个人哪怕是在最平凡的岗位上，都可以正直诚实、光明磊落地做好自己的工作，做到忠诚、正直、忠厚、敬业、自信、自律……他也一样拥有优秀的品格，一样成为一个尽职尽责、诚实善良、受人尊敬的人。而且正因其平凡，品格才更崇高、永恒和持久。

作为普通的员工，品格培养一样意义深远。在现在这样一个竞争激烈却又崇尚公平和秩序的时代，没有人会愿意信任、重用一个品格不佳的员工，就算你能力再强，本事再大，也不会受到企业的青睐；优秀的品格已成为现代人职业晋升的标尺和人生成功的根基。

本书精心挑选了与员工成长和进步紧密相关，直接影响员工工作质量和工作成绩的18个方面的品格，包括正直、忠诚、敬业、责任、勤奋、服从、主动、热情、自信、合作、谦虚、节俭、自律、创新、进取、自省、专注和感恩等品格，全面深入地阐述了培养这些优秀品格的意义和方法。不仅使每一个员工深刻认识到培养这些优秀品质对于个人成功和发展的重要性，同时也能有力地促进员工不断完善自己，更加主动积极，更加尽职尽责，使员工在组织和企业中更受青睐和欢迎，更能走向成功。

目录
Contents

第一章 正直：一切优秀品格的前提和基础

正直是所有优秀品格的核心。一个人就算拥有忠诚、敬业、勤奋、负责、服从、执行、合作……等优秀的品格，但如果没有正直作为前提和基础，他就没有正义和公理的区分，没有对和错、好与坏的判断，他的忠诚只是愚忠，敬业不过出自私欲，负责还可能对社会造成伤害……只有具备正直品格的人，才能做到为人正派，办事公正，不谋私，不贪利，不阳奉阴违，敢于主持公道，伸张正义，抨击邪恶。正直是所有优秀品格中最重要、最核心、最基本的品格，正直也是优秀员工最醒目的标签。

第二章 忠诚：比能力更重要，比智慧更珍贵

忠诚是一种责任，忠诚是一种义务，忠诚是一种操守，忠诚更是一种品格。忠诚比能力更重要，比智慧更珍贵，比财富更有价值！忠诚是一个员工最为重要的职业品德，是职场上最闪亮的名片。具有忠诚品格的人，不管到哪里，都会受到欢迎。而缺乏了忠诚这一品质，即使你再有能力，有通天的才华，也必定会被社会所抛弃，找不到安身立命之地。

第三章 敬业：卓越工作态度的源泉

敬业是最可贵的职业品质，是人类共同拥有和推崇的优秀品格和职业精神。敬业最重要的内涵，是一种发自内心的对工作的重视和热爱，以及由此产生的奉献精神、责任心和进取心。敬业的人对工作精益求精、对组织尽心尽力、对自己严格自律，像热爱生命一样热爱工作，做任何工作都忠于职守、尽职尽责、认真负责、一丝不苟。敬业是卓越工作态度的源泉，是一个人从普通走向优秀，从优秀走向卓越的关键。

第四章 责任：至高无上的职业精神

责任是至高无上的职业精神，责任是一个人品格和能力的承载，是一个人走向成功必不可少的素养，更是一种崇高的品格。责任成就伟大，责任铸就成功，所有成功的人，都是具有高度责任感的人。聪明、才智、学识、机缘等固然是促成一个人成功的必要因素，但缺乏了责任感，没有人可以取得成功。

第五章 勤奋：通向成功的必经之路

勤奋是人类最重要的优秀品格之一。拥有勤奋的品格，哪怕是行动迟缓的蜗牛也能雄踞高高的塔顶；失去了勤奋的精神，就算是天资奇佳的雄鹰也只能空振双翅低处盘旋。成功最重要的不是智慧，不是能力，更不是处心积虑的心机，而是脚踏实地的勤奋和努力！勤奋是成功永远绕不开的必经之路，勤奋是走向成功的不二法门。一勤天下无难事，优秀的员工一定是勤奋的员工。

第六章 服从：没有借口更加优秀

“军人以服从命令为天职”，这是军人的首要品格。商场如战场，员工也要以服从为第一。因为服从才能执行，才能保证所有的指令、计划和决策不折不扣地完成。所以，优秀的员工一定要培养自己服从的品格，以服从为天职，不找任何借口，坚决服从，并完美执行。

第七章 主动：平庸和卓越的分水岭

任何时候，主动积极的品格都是受人推崇和赞赏的。积极主动是所有老板最欣赏的品格，是企业对员工的终极期望。有着积极主动品格的员工自动自发，主动自觉，做事从来不需要老板交待，他们主动找事做，而不是等事做，他们把任何事情都做到完美，做到出色。

第八章 热情：无法抵挡的品格魅力

热情这种品格具有无法抵御的魅力和锐不可挡的威力。热情能让懒散的人勤奋，让懦弱的人坚强；热情使人执著，不达目的不罢休；热情让人勇敢，对一切艰难险阻都无所畏惧；热情使原本平凡普通的人变得卓尔不群、风度翩然，让闲散浪荡的人变得庄重严肃、凝神静气……热情激发潜能，热情创造奇迹，热情铸就成功！所以，让自己拥有热情吧，这种热情会点燃我们的人生之火，让我们的人生灿烂地燃烧！

第九章 自信：信心有多高成就就有多大

自信就是自己相信自己，自己信得过自己，自己看得起自己。自信是激励自己奋发进取的一种心理素质，自信也是一个人至为重要的一种品格，没有自信心，就没有生活的热情和趣味，也就没有探索拼搏的勇气和力量。自信的人永远相信，自己就是最优秀的那一个人，自己一定可以取得成功，这种信心让他们拥有无尽的热情和永不退缩的精神，战胜一切困难，越过所有障碍，并最终取得成功。心有多大，舞台就有多大；自信有多强，成就就有多大。所以相信自己，建立自信，世界都是你的。

第十章 合作：团结互助带来共赢

这是一个团队的时代，更是一个合作的时代，合作的品格对于现代人而言，至为重要。因为世界上没有全能的个人，只有完美的团队，只有善于合作，充分把自己融入团队中去，依靠大家的力量，才能把事情做到最圆满、最完美。

第十一章 谦虚：虚怀若谷的气度

谦虚是美德，所谓君子品行，谦谦之风；谦虚也是一个人人格成熟的重要标志，因为谦虚的人懂得山外有山，天外有天，因而他们从不张狂自傲，说话留有余地，做事脚踏实地。谦虚更是生活的智慧和成功的前提，“虚心的人十有九成，自满的人十有九空。”拥有谦虚的品格，才能通透事理，才能有所发现和创造，才能获得成功。

第十二章 节俭：通行世界的美好品德

“俭可以成家，俭可以立身”，节俭不是小气，不是吝啬，而是一种操守，一种素养，一种爱物惜物的精神，一种通行世界的美德，更是我们每一个人都应当拥有的高尚的品格。

第十三章 自律：自我控制自我约束

自律是品格的精髓，美德的基础，是衡量一个人品格的基本标准。只有拥有自律的人才能克制欲望的纷扰，时时观照自己、反省自己、战胜自己，控制自己的情绪，抵制世间的诱惑，遵守规则和纪律，自己限制自己，自己约束自己，并因此而做出非凡的成就，收获完美的人生！

第十四章 创新：职业常青的不二法门

要想在职场上做出成绩，让自己表现得更突出、更优异、更卓越，保持职业常青，必须借助创新的力量实现与众不同的思维和方法。从这一意义上说，善于创新是现代员工不可或缺的重要品格之一。

拥有创新品格的员工活力无限，创意不尽，他们不因循守旧、墨守成规，不局限于自己的工作、自己的思绪，他们敢于打破一切规矩和束缚，他们的思想天马行空，无拘无束，他们的工作因创新而卓越，职业因创新而常青，人生因创新而精彩！

第十五章 进取：永不停下追求的脚步

积极进取不仅是一种优秀的品格，也是一种人生态度，更是一种做事方法。拥有进取品格的员工在任何时候都不会气馁，不会退缩，不会放松，不会泄气，他们从来不安于现状，而是一次又一次地勇敢挑战，在挑战中不断超越别人也超越自己。这样的员工，想不成功都难。

第十六章 自省：在反思中汲取前进的动力

自省就是自我反省，就是通过自我意识来省察自己言行的过程，是发自内心的一种醒悟和学习，其实就是一种“认识自我、否定自我、完善自我、超越自我”的过程。懂得自省的人能时时明鉴自己的对与错，省察自己的是与非，从而能以是克非，以对纠错，不断完善自己，不断超越自己，在自省中汲取前进的动力，最终抵达人生的顶峰。

第十七章 专注：执著于自己的目标

专注就是专心致志，就是一心一意，就是执著坚持，就是把所有的精力都集中于一点，不为任何事情干扰，不达目标不罢休的精神。一心一意专注于自己的工作，是每个员工获取成功不可或缺的品格。因为每一个人的时间、能力、精力都是很有限的，如果你想在各个方面都取得巨大的成功，那是不可能的，专注于一点，才是成功的秘诀。

第十八章 感恩：生命因此而美好

感恩是生活的智慧，是一种被广泛认同的职业精神，更是一种崇高的品格。感恩让我们学会反思，学会珍惜，学会宽容，学会进取。懂得感恩的人，对生命有着更深刻的理解，也拥有一颗更加宽厚豁达的心。因而他们在工作中更能恪尽职守，尽职尽责；更能同舟共济，真诚合作；更能自动自发，主动积极……带着感恩的心去工作，知恩图报，从而开朗，积极向上。

附录

第一章　正直：一切优秀品格的前提和基础

正直是所有优秀品格的核心。一个人就算拥有忠诚、敬业、勤奋、负责、服从、执行、合作……等优秀的品格，但如果没有正直作为前提和基础，他就没有正义和公理的区分，没有对和错、好与坏的判断，他的忠诚只是愚忠，敬业不过出自私欲，负责还可能对社会造成伤害……只有具备正直品格的人，才能做到为人正派，办事公正，不谋私，不贪利，不阳奉阴违，敢于主持公道，伸张正义，抨击邪恶。正直是所有优秀品格中最重要、最核心、最基本的品格，正直也是优秀员工最醒目的标签。

1 正直是优秀品格的核心

品格是人性中最重要的东西，它是人所有行为和思想的主宰，一个人的品格决定他的一切。好的品格会引领我们不断向伟大和崇高行进直达心灵的最高峰、事业的最高峰；而坏的品格带领我们走过的却是一条荆棘丛生的艰难之路，最终会让我们堕人万劫不复的地狱。所以，优秀的品格对于员工的成长、成功都至为重要。而正直，是一切优秀品格的核心。

正直是诚实、正当、正派的内心；是己所不欲、勿施于人的态度；是言出必行的信用；是"是就是是，不是就是不是"的坚定；是任何时候都不会溜须拍马，讨好卖乖的品德；是对信念的坚守，是在有人和没人的时候都一样对待人和事物的坦率。正直不是弯曲的爬行和依附，而是堂堂正正、立得稳行得正、有正义感、有是非观、正气凛然、正大光明、无私无畏的傲骨风姿。

正直是人类高尚品德的一个根本性的标志。正直是一种标准，或者称作标杆、标尺。以这个标杆衡量人的行为、品格的高下，为人的优劣顿时显现。在此标杆之上，我们可以做一个堂堂正正、受人尊敬的人，也往往能获取长久的成功；在此标杆以下，无论如何也显得卑琐、宵小，纵然能够得逞一时，但总归长久不了。

只有具备正直品格的人，才能做到为人正派，办事公正，忠诚敬业，言而有信；才能为社会、为企业的利益支持公道，伸张正义，在强暴和邪恶面前表现出凛然正气；才能为了真理、为了正义勇敢进取，敢做敢当，而将个人得失置之度外；才能做到无私无畏，见义勇为，"富贵不能淫，贫贱不能移，威武不能屈"。所以，正直是人格的核心，正直是衡量一个人品德高下的基本准则。

正直的人敢于坚持真理，不畏强暴，敢于说真话，做实事，对任何事物，都坚持原则，不随波逐流，更不趋炎附势。正直是最美好的品质之花，是最优秀的品格。

2002年8月30日上午,设在广东省化州市中山路的茂名市体育彩票10060销售点电话响了,经常在这里买彩票的老顾客吴先生因出差在外无法亲自来买彩票,打电话请店主林海燕代买700元的体育彩票,尽管金额较大,林海燕还是爽快地为吴先生垫钱买了彩票,当日下午,广东体彩36选7开出了全省唯一一注518万元大奖,而这个大奖就落在了林海燕所在的销售点上,林海燕查对彩票号码后,发现竟是自己垫钱为吴先生买的彩票中了奖,彩票是林海燕垫钱买的,顾客也一直未来取票,体彩具有不记名,不挂失的特点,林海燕完全可以把518万元奖金据为己有,但林海燕丝毫不为奖金所动,立即拿起电话把中奖消息告诉了还在外地的吴先生,9月9日,吴先生出差回来,高兴地到10060销售点取走了林海燕为他垫钱买下并保管了一个多星期的中奖彩票,吴先生要给林海燕20万元作为感谢,她坚决拒绝了。

林海燕诚信经营的事迹,正直的品格,传遍祖国大江南北,感动了千千万万的人。一名身在囚牢的贪污犯在《知音》杂志上,看到林海燕的事迹报道后,专门给林海燕写了一封信,对她的崇高人格表示敬佩,对自己的罪行表示了深深的悔意。

正直是优秀品格的核心,正直是一个做大事的人的立身之本。就算是一位普通不过的员工,正直的人格也会让他坦荡从容,一帆风顺。

美国加州的数码影像有限公司需要招聘一名技术工程师,有一个叫史密斯的年轻人去面试,他在一间空旷的会议室里忐忑不安地等待着。不一会儿,有一个相貌平平、衣着朴素的老者进来了。史密斯站了起来。那位老者盯着史密斯看了半天,眼睛一眨也不眨。正在史密斯不知所措的时候,这位老人一把抓住史密斯的手:“我可找到你了,太感谢你了!上次要不是你,我可能就再也看不到我女儿了。”

“对不起，我不明白您的意思。”史密斯一脸迷惑地问道。

“上次，在中央公园里，就是你，就是你把我失足落水的女儿从湖里救上来的！”

老人肯定地说道。史密斯明白了事情的原委，原来他把自己错当成女儿的救命恩人了：“先生，您肯定认错人了！不是我救了您女儿！”

“是你，就是你，不会错的！”老人又一次肯定地回答。

史密斯面对这个感激不已的老人只能努力解释：“先生，真的不是我！您说的那个公园我至今还没去过呢！”

听了这句话，老人松开了手，失望地望着史密斯：“难道我认错人了？”

史密斯安慰老人：“先生，别着急，慢慢找，一定可以找到救你女儿的恩人的！”

后来，史密斯接到了寻取通知书。有一天，他又遇见了那个老人。史密斯关切地与他打招呼，并询问他：“救您女儿的恩人找到了吗？”

“没有，我一直没有找到他！”老人默默地走开了。

史密斯心里很沉重，对旁边的一位司机师傅说起了这件事。不料那司机哈哈大笑：“他可怜吗？他是我们公司的总裁，他女儿落水的故事讲了好多遍了，事实上他根本没有女儿！”

“噢？”史密斯大感不解。那位司机接着说：“我们总裁就是通过这件事来选人才的。他说过有德之才才是可塑之才！”

有德之才才是可塑之才，这是智者的箴言，也是选才的标准。只有正直的品格，才是人们取得人生事业成功的基本前提。美国学者、《成功》杂志的创办人奥里森·马登说：**“建立在坚如磐石的正直品格上的成功，才是真正的成功，才有真正的价值和意义。”**并具体指出：“在你做一个律师、一个医生、一个职员、一个农民、一个议员，或者一个政治家时，你都不要忘记：你是在做一个‘人’，要做一个具有正直品格的人。这样，你的职业生涯和生活才有重大的意义。”

每一个人都可以正直诚实、光明磊落地做好自己的本职工作，最大限度地发挥自己的能力，淋漓尽致地展示自己的聪明才智，即使是做着最普通的工作，也不妨碍你作为一个正直的人，一个真诚的人，一个公正和忠厚的人，一个受人尊敬的人——只要拥有正直的品格。

2　正直让人襟怀坦荡心地磊落

正直的人行得正，坐得稳，心地坦荡心胸宽广。一个人只要具有正直品格，凡事秉公处理，不徇私舞弊，他就能坦荡胸怀对明月，不惧旁人说是非。

但是，保持正直的品格并不是一件容易的事，在工作中更是如此。作为优秀员工所必备的卓越品质，如诚实守信、自我控制、公正坦诚，都会受到你所从事的职业的严格考验。唯其难为，所以可贵，那些经受了考验、没有被玷污并且能保持正直品格的人才会得到大家的信任与尊敬，并将被赋予更重大的责任，而且有机会取得更伟大的成就。

座落在美国芝加哥市的 ADDC 公司的豪华办公大楼有一个奇特的外形——酷似一个公用电话亭。其开创者总裁大卫，也是菲力慈善基金会的最大捐献者之一，他说，这就是一个公用电话亭的造型，这是为了纪念他的一段往事。

大卫在美国阿灵顿商学院读大学时，主要靠父母按月寄来的一点钱来维持，但后来家里没有给大卫寄钱了。他打通家中的电话，才知道原来是因为父亲得了重病，花光了家里所有的积蓄，也没了经济来源。母亲在电话的那端大哭着。

大卫除了安慰母亲别难过外，并告诉母亲：“我现在就去找工作，一定养活你们。”心想：看来自己必须辍学回家了。当时大卫还有一个月,学期就要结束了,如果能有八元、十元的钱,大卫就可以熬到暑假,然后利用两个月的假期打工赚钱。可现在却必须辍学了。

当他挂断电话后,没想到许多硬币从公共电话的投币口涌出。大卫高兴坏了,伸出手去接那些钱。可是内心交战着,留给自己用吧,完全可以,一来没人知道,二来自己确实很困难。但左思右想,大卫觉得不该据为己有,于是他把其中一枚投进公用电话,拨通了电话公司的服务电话。

服务小姐说钱属于电话公司的,要他把钱放回去。挂掉电话后,大卫就把钱币往回投,可偏偏公用电话一遍遍地把它们吐出来。大卫又给服务小姐打电话,服务小姐经过询问上司后对他说:"上司说这钱送给你了,作为给你的正直的奖励,再说我们公司现在人手不够,不想去为了几个美元专门派人去取。"

一共是9美元50美分,大卫对电话公司充满了感激。他因为这些钱支撑到暑假打工领到第一笔薪水,他干活非常卖力,而且一直坚守自己的正直,从来不偷懒一分钟,也从来不贪一美分,老板很欣赏他,给了大卫双倍的工资。大卫把钱都寄给了母亲,后来父亲的病也好了,母亲也找到了一份工作。

一年后,他顺利完成了学业。毕业后,大卫开了一家公司,第一年就创利10万美金。大卫时刻不忘公用电话的事,他用非常动情的笔调写了一封感谢信,描述了当时自己的心情,并衷心地感激电话公司,同时回赠该公司1万美元。

电话公司老板比尔随即回复他:"那些钱是我们花得最值得的一笔。并不是指9美元50美分换回了1万美元,而是说那些钱让一个人懂得了一个人生至理箴言:**在最困难的时候,一不要忘了希望就在眼前;二不要忘了坚守正直品格。因为正直的品格让我们有机会成就更大的事业和更美好的人生。**"

为了让更多的人从自己的故事中得到启迪,让更多的人领悟到正直的意义,大卫将自己的大楼设计成了一个公用电话亭的形状。

正直是一种风骨,如同山产劲竹,冬里腊梅,于风急雪大处方显出风标高峻;正直,也是人的一种生存态势,就像是一块纯净而又有棱角的玻璃,不管放在哪儿都是洁净、透明的;正直,是一种内涵丰富的修养,能够完全滤去那些带有贪念、私欲的杂质,使人的内心世界不断地趋于澄明、纯粹,傲立天地,不羞不愧!

我国西北某地一位农村女学生在高考中以优异成绩被名牌大学录取。可她却为学费而忧虑,一家生产健脑口服液的企业获得这一信息后表示愿意出万元资助,但需要她在电视做这个产品的广告,以她的实例宣传这家企业生产的健脑口服液头脑敏捷。几秒钟的广告,可以得到如此巨大的回报,可以解燃眉之急,何乐而不为呢?可她却没有答应,她说:“我的家庭是穷人,我从来没喝过口服液,也根本喝不起。我的成绩不是因为喝了它才好起来的。我努力学习,才取得了这样好的成绩。我不能说谎,更不能欺骗别人。如果我违心地做这个广告,今后在社会上还怎么做人?”

一万元资助,对一个家境贫寒而又急需钱用的学生来说是一个巨大的诱惑,但她断然拒绝了。

良好的品格是人性的最高表现。这位女生完美地阐释了这一理念。一个人正直的品格,会让他在任何时候都心地光明,表里如一,正气凛然,不谋私,不贪利,坚持正义,主持公道,任何情况下,都不会因金钱、权势、地位等种种诱惑而出卖自己的人格,因而正直的人永远襟怀坦荡,心地磊落,这正是穿辰于古今。

3　正直的人无私无畏

正直的人一定是无私无畏的人。内心无私的人,活得堂堂正正,光明磊落，心中无私天地宽，事无不可对人言，不计较个人利益的得失，所以无所畏惧。真正的无私者则不会因为利益出卖良心，在任何时候都不畏惧邪恶，因此无私无畏代表着正直和崇高。

正直的人也是坚贞不屈的人。不因小事而生嫉恨，不因流言而改立场，在他的心中，始终有一种基本的准则，有他自己坚持的信念和道义。不管世界怎么变化，处境怎么艰难，他正直的心也绝不会轻易地改变。明代的方孝孺就是这样一位宁折不弯的忠贞义士。

方孝孺是明建文帝最亲近的大臣，他视建文帝为知遇之君，忠心不二。后来燕王朱棣造反，攻陷南京，逼得建文帝自焚而亡。

明成祖的第一谋士姚广孝跪求朱棣不要杀方孝孺，否则“天下读书的种子就绝了”，明成祖答应了他。史书记载如下：成祖发北平，姚广孝以方孝孺为托，曰：“城下之日，彼必不降，幸勿杀之，杀方孝孺，天下读书种子绝矣！”

燕王（即明成祖）入城，文武百官多见风转舵，投降求生。方孝孺不降，燕王便以之为奸臣，捕入狱。燕王登基称帝。知方孝孺名重天下，欲用之以收揽人心，屡次示意：当贰臣即释放、封官，却遭严辞拒绝。

方孝孺日日为建文帝穿丧服啼哭，明成祖派人强迫他来见自己，方孝孺穿着丧服当庭大哭。明成祖要拟即位诏书，大家纷纷推荐方孝孺，遂命人将其从狱中召来，方孝孺当众嚎啕，声彻殿庭，明成祖也颇为感动，走下殿来跟他说：“先生不要这样，其实我只是效法周公辅弼成王来了。”方反问：“成王安在？”明成祖答：“已自焚。”方问：“何不立成王之子？”成祖道：“国赖长君。”方说：“何不立成王之弟？”成祖道：“此朕家事！”并让人把笔给方孝孺，说：“此事非先生不可！”方投笔于地，且哭且骂：“死即死，诏不可草。”成祖暗压怒火说：“即死，独不顾九族乎？”方孝孺用更大的声音答道：“便十族奈我何？”

朱棣气急败坏,恨其嘴硬,叫人将方孝孺的嘴角割开,撕至耳根,大捕其宗族门生,每抓一人,就带到方面前,但方根本无动于衷,头都不抬。明成祖彻底绝望了,也横下一条心,不仅灭他九族,把方孝孺的朋友门生也列作一族,连同宗族合为“十族”,总计873人全部凌迟处死!

方孝孺遇难600多年来,不同时代的人们都怀念他,敬仰他,表彰他。方孝孺对清朝来说,是所谓“胜国”,也即被灭亡了的前朝的一位忠臣,但清朝仍在官修的《明史》中给予了很高的评价,肯定了他的“忠”。书中说,方孝孺跟齐泰、黄子澄等人,“抱谋国之忠,而乏制胜之策……百世而下,凛凛犹有生气”。就是说,方孝孺对朝廷,对国家,忠心耿耿,只是缺乏战胜燕王朱棣军队的谋略;千年以后,他的精神依然活着,使人敬畏。其实,后人们真正敬仰的并不是方孝孺这个人,而是他身上的这种正直刚硬,不向权贵低头的精神。

正直是把利剑,拥有它的人不惧怕权势威逼,不与小人同流合污,正直的人自有一股正气,浩然于天地之间。

壁立千仞,无欲则刚;血压青松,凛然且直。正直同坦荡在一起,正直同忠诚在一起,正直同倔强在一起,正直同良心在一起。正直则无私,无私则无畏。一个心地坦荡荡、心胸敞亮的人,在任何时候都可以微笑着面对一切。

在我们的一生中,有许多力量可以诱惑你、扭曲你、强迫你做这做那,令你屈服。然而人世间除了声望、权利、金钱、暴力等等之外,还有一个可以使人成功的秘决,那就是正直的品格。只有正直的品格,才会最终赢得人们普遍的尊敬。

李开复在苹果公司工作时,恰逢一次公司裁员,当时李开复必须从两个业绩不佳的员工中裁掉一位。第一位员工毕业于卡内基梅隆大学,是他的师兄。他十多年前写的论文非常出色,来公司后却很孤僻、固执,而且工作不努力,没有太多业绩可言。他知道面临危机后就跑来恳求李开复,说自己年纪不小,又有两个小孩，希望李开复顾念同窗之谊，网开一面。甚至连瑞迪教授（李开复和他共同的老师）都来电暗示他尽量照顾师兄。

另一位是刚加入公司两个月的新员工，他还没时间表现，但应该是一位有潜力的员工。

于是，李开复内心里的“公正”和“负责”的价值观告诉他应该裁掉师兄，但是他的“怜悯心”和“知恩图报”的观念却告诉他应该留下师兄，裁掉那位新员工。后来，李开复为自己做了“报纸测试”：在明天的报纸上，他更希望看到哪一个头条消息呢，是“徇私的李开复，裁掉了无辜的员工”，还是“冷酷的李开复，裁掉了同窗的师兄”？

虽然李开复极不愿意看到这两个“头条消息”中的任何一条，但相比之下，前者的打击更大，因为它违背了他最基本的诚信原则。如果违背了诚信原则，他认为自己没有颜面见到公司领导，也没有资格再做职业经理人了。

于是，李开复裁掉了师兄，然后他告诉自己的师兄，今后如果有任何需要他的地方，他都会尽力帮忙。

对于李开复本人来说，这是一个痛苦的经历，因为这样做违背了他强烈的“怜悯心”和“知恩图报”的价值观。但是，“公正”和“负责”的价值观对李开复而言更崇高、更重要。虽然选择起来很困难，但最终他还是面对自己的良心，因为他知道这个决定才符合自己做事的正直品德。

正是是世间最强大的一种力量。正直的人内心只有天理良心，从而不惧怕任何责难。因为正直，他不会去过多计较个人得失，不怕打击报复，不畏权势，敢说真话，面对权利不以权谋私；面对邪恶敢挺身而出，不阿谀奉承不随波逐流，也不会违心地说假话谎话，而是凡事有自己的立场，有自己的底线，有自己坚守的准则，就像李开复一样。

正直的品格是支撑我们人格的精神骨架，正是这样的骨架分出了人的精神的高下美丑。有些人看去很魁梧，与之相处久了却觉得其矮小猥琐,有些人毫不起眼,终让你在他平淡如行云流水中领略到山高水深。看不见的力量才是大力量,那就是一个人的品格。而其中最珍贵也是最基本的品格就是正直。

4　正直的人知过能改

正直的人勇于承认自己的错误,知过能改。《史记·廉颇蔺相如列传》上讲的"将相和"的故事,就是知过能改的典范,这个故事大家都耳熟能详。

在渑池会后,赵王"以相如功大,拜为上卿",官位在廉颇大将之上。廉颇因此心中不快,觉得自己功劳卓著,很不服气。他想:我为赵国拼命打仗,功劳难道不如蔺相如吗?蔺相如光凭一张嘴,有什么了不起的本领,地位倒比我还高!他越想越不服气,怒气冲冲地说:"我要是碰着蔺相如,要当面侮辱他,给他点难堪,看他能把我怎么样!"

廉颇的这些话传到了蔺相如耳朵里。蔺相如不愿意和廉颇争位次先后,便处处留意,避让廉颇,上朝时假称有病,以便回避。蔺相如还吩咐他手下的人,叫他们以后碰着廉颇手下的人,千万要让着点儿,不要和他们争吵。

有一次,蔺相如乘车外出,远远望见廉颇的车子迎面而来,急忙叫手下人把车赶到小巷里避开。

廉颇手下的人,看见上卿这么让着自己的主人,更加得意忘形了,见了蔺相如手下的人,就嘲笑他们。相如手下的人便以为相如害怕廉颇,非常气愤,就跟蔺相如说:"您的地位比廉将军高,他骂您,您反而躲着他,让着他,他越发不把您放在眼里啦!这么下去,我们可受不了。"

蔺相如心平气和地对他们解释说:"秦国这样强大,我都不怕，廉将军又有什么可怕呢？我只是想，强横的秦国今天之所以不敢对我们赵国轻易用兵，只是因为赵国有我和廉将军两人。如果我和廉将军两人不能和睦相处，互相攻击，像老虎一样相斗，结果必定有一虎受伤，秦国就会趁机侵略赵国。我所以对廉将军避让，是因为我把国家的安危放在前头，不计较私人的怨恨。”

蔺相如手下的人听了这一番话，非常感动，以后看见廉颇手下的人，都小心谨慎，总是让着他们。此事传到了廉颇的耳中，廉颇为相如如此宽大的胸怀深深感动，自己十分惭愧。于是脱掉上衣，在背上绑了一根荆杖，请人领到相如家请罪，并沉痛地说：“我是个粗陋浅薄之人，真想不到你对我如此宽容。”蔺相如把荆条扔在地上，急忙用双手扶起廉颇，给他穿好衣服，拉着他的手请他坐下，两人和好如初，坦诚畅叙。从此誓同生死，成为至交。

因为有了蔺相如的宽容，才使得廉颇认识到自己的错误，二人重归于好，赵国强盛一时。

试想，如果蔺相如和廉颇两人中有一个人心术不正，这样的历史佳话还会发生吗？

内心正直的人，就是有信念、懂原则的人。他们不会因为自己的错误就放弃心中关于正义和公理的判断，他们心中自有一种标准，或者称作标杆、标尺，他们以这个标杆衡量人的行为、品格的高下、为人的优劣，错了就是错了，知错就能改，而不是固执己见，不是更改标准，容忍自己的错误。所以，知错能改的人，一定是一个具有正直品格的人。

孔子说过：“君子之过如日月之食焉。过也，人皆见之；更也，人皆仰之。”正直的人犯错大家都看得见，正直的人犯了错，知错能改，改了之后，更加受到人们的敬重，这就是正直的力量。正直的人犯了错误不会度过遮遮掩掩更不会将错就错，而是勇于认错，知错能改。

知错能改是一个过程，一个可以把人们推向成功巅峰的过程。在这个过程中,正直的人不仅仅在改过,还在前进,在向着更高的山攀登。知错能改,就可以促使自己不断向上,直达峰顶,欣赏山顶的风景。那为什么不这样去做呢?

5　正直是优秀员工最醒目的标签

著名的管理大师德鲁克曾经说过这样一句话:“如果一个管理者缺乏正直的品格,那么,无论他是多么有知识、有才华、有成就,也会造成重大损失。他破坏了企业中最宝贵的资源——人,破坏组织的精神,破坏工作成就。”由此可见,正直的品格对于企业管理者而言,是多么重要的素质!

同样的,如果一个员工缺乏了正直的品格,无论他是多么有知识、有才华、有成就,也不可能成为一个优秀的员工,因为他不可能在是非面前坚持正义,不可能坚守自己应当坚守的道德,也不可能尽职尽责地做好他的工作。缺乏了正直的品格,他就会非常容易地被各种因素左右被各种诱惑迷惑甚至被不良之徒收买,不管他做什么样的工作,他都会唯利是图是非不分,这样的员工,连合格都远远不够,又何谈优秀?!

前几年,中国彩电行业“龙头”四川长虹彩电集团根据国家电子工业部的指示顺利兼并了五洲电源厂,兼并后不久,发生了这样一件事:

一天深夜,一个老电焊工在操作时不慎被烧伤,送到工厂医院经医生处理伤口后仍疼痛不已,就对医生说:“有没有去痛片,给我开点。”那位女医生不知是深夜被打扰而显得不耐烦,还是因为白天没准备,总之冷冰冰地丢下一句:“没有!忍着点儿吧!”

第二天下午,总经理倪润峰知道了这件事,当即放下手头的一切工作,包括正在接待的一批来自荷兰洽谈业务的客人,立即驱车到原五洲电源厂召开全厂职工大会。

简单的开场白之后，倪润峰严厉地批评了这位医生，并宣布："立即停止这位医生的工作，让她回去反省三个月。你如果是因为白天没做准备，那是你工作的失职；如果因为深更半夜起来不耐烦，那是工作态度有问题；作为一个医生，对病人有这种态度，那就是人品问题。医生以救死扶伤为天职，你却连最起码的同情心都没有，你还干什么干？趁早走人！"

作为一个员工，我们应该充分认识到正直品格的重要性，努力使自身的行为符合职业要求，对得起自己的良心。我们应该从那些名誉扫地、众叛亲离的人身上吸取教训，深刻体会没有正直之心会有什么样的后果，会付出什么样的代价，是如何被社会与企业所不容，从而努力使自己警惕，时刻提醒自己，加强自己的品格修养，任何时候都秉持正直和诚实，绝不做损人损企的事情，否则，到最终害的是自己。

人在面临困难、压力、诱惑、贪念时，只要产生"没人会知道"的想法，就很容易放弃自己的坚持，放弃原则，抛开道德和约束，忘掉正义和公理，失去正直的品格，使自己坠入歧途。所以，要想成为一名优秀的员工，在职场取得成功，必须要有自己的道德标准，坚守自己正直的内心，不致因为抵御不了诱惑而堕落。

市值 130 亿美元的美国亨茨曼公司创始人乔恩·亨茨曼的故事就是一个秉持正直之心最终走出困境的例子。

在外人眼中，乔恩·亨茨曼似乎在过着诗一般的生活，他拥有清晰的价值观、完整的人格、一个庞大而成功的家族、雄厚的经济实力。但亨茨曼一生中经历过多次巨大的考验，每次考验都迫使他深入自己的内心，重新审视自己的道德观。他曾经说过："这个世界上根本没有'模糊的道德'这回事。"

创办公司之后，他接受了美国健康、福利和教育部部长艾略特·理查德森的邀请，开始成为理查德森的社会服务首席助理。由于成功地安装了一套目标管理软件，在 6 个月中便为政府节省了 1 亿美元开支。他开始受到了白宫的重视。此后不久，他应邀为总统尼克松的参谋鲍勃·海尔德曼工作。

有一天,海尔德曼要求亨茨曼想办法给一位总是反对白宫议案的加利福尼亚参议员设个圈套。这位参议员拥有一家工厂的部分股份,据说这家工厂雇佣了一些没有记录在册的工人,所以海尔德曼想要收集一些信息让这位议员难堪。亨茨曼的任务就是要从自己的公司里挑出几名来自拉美的员工,让他们潜入参议员的工厂当卧底。

从他的道德本能来说,亨茨曼知道这样做是不对的,他内心的道德指针开始发力,那些从童年时代便陪伴着他的价值观开始发挥作用。就在和工厂经理交谈到一半的时候,亨茨曼告诉他:"还是不要这样做了吧,我不想玩这个游戏。"

亨茨曼清楚地知道自己是在拒绝一位全美第二号的权势人物,但没有关系,他随时可以辞职。就这样,6个月之后,亨茨曼离开了白宫。

2001年,亨茨曼遇到了职业生涯中最大的挑战——当时他的公司濒临破产。公司的处境与其说是管理失误造成的,倒不如说市场疲软才是真正的罪魁祸首:竞争对手不断推出新产品,导致严重的供大于求,产品的价格和生产商的利润迅速下滑。更糟糕的是,能源和原材料的价格近乎失控。结果,亨茨曼不得不将自己的高息债券以低价抛售。

虽然已经让儿子皮特担任公司的CEO,但亨茨曼仍然是董事会主席,也是公司最大的股东。有一天,金融专家、律师、87位债权人代表以及来自纽约和洛杉矶的破产专家来到了盐湖城,一起向亨茨曼提出了两个选择:要么请求法庭宣布破产,要么坐在那里,无助地看着债主们关掉公司。

在耐心地听完了这些人的分析和要求之后,亨茨曼告诉自己:"我不会让这帮律师、银行家以及高薪的管理顾问抢走我的公司。他们根本不懂得什么叫'人品',什么叫'诚信'。"亨茨曼的回答只有一个字："不"。

由于亨茨曼拒绝放弃，整个公司经历了整整3年的动荡。在整个危机期间，始终站在他身边的只有一个人：他的妻子。在整个过程中，亨茨曼的心脏病还发作过一次，而且由于免疫系统功能减弱，他还染上了阿狄森式病。可他还是骄傲地说："我付清了所有的债务。"

后来，所有的债券持有人都拿到了自己的钱。亨茨曼公司的债主们并没有任何损失，所以他们纷纷提高了公司的信用级别。亨茨曼的公司在纽约证券交易所上市，并且取得了不错的表现，收益达到了历史最高水平。

亨茨曼说道："保持诚实、善良，秉持正直的人格，坚守你的道德……当你陷入困境的时候，这些品质会帮助你脱离困境。"

美国学者阿瑟·戈森说过："人类之所以充满希望，原因之一就在于人们似乎对正直具有一种近于本能的识别能力，而且不可抗拒地被它所吸引。"

一个正直的人，一个在任何时候都能坚守正义和公理、都能保有正直品格的人，一开始就比别人有了更高的风骨，这样的人，别人在心中早已为你贴上了最优秀的标签，不管到哪里，都受人尊敬、受到欢迎。

第二章　忠诚：比能力更重要，比智慧更珍贵

忠诚是一种责任，忠诚是一种义务，忠诚是一种操守，忠诚更是一种品格。忠诚比能力更重要，比智慧更珍贵，比财富更有价值！忠诚是一个员工最为重要的职业品德，是职场上最闪亮的名片。具有忠诚品格的人，不管到哪里，都会受到欢迎。而缺乏了忠诚这一品质，即使你再有能力，有通天的才华，也必定会被社会所抛弃，找不到安身立命之地。

1 忠诚是职场最闪亮的名片

忠诚是什么？忠诚是矢志不渝的忠心，是死心塌地追随，是任何情况下都不反不叛，不离不弃的真情，是任何时候都说到做到，负责到底的担当。

忠诚是一种责任，忠诚是一种义务，忠诚是一种操守，忠诚也是一种品格。忠诚不讲条件，更不求回报，它是一种发自内心又得人内心。

忠诚是一个员工最为重要的职业品德，是职场最重要的素质，最闪亮的名片。具有忠诚品格的人，不管到哪里，都会受到欢迎。

忠诚，既是一种境界，更是一种行动。爱岗敬业，热爱本职工作，在自己的岗位上恪尽职守、无私奉献，就是忠诚精神最坚定的实践。只有爱岗敬业的人，才会在自己的岗位上勤勤恳恳，一丝不苟，精益求精，在平凡的工作中上为企业做出积极的奉献。

张雅东是中煤集团北煤机公司液压元件分厂的一名数控车工，刚参加工作的时候，由于文化水平有限，他在工作中遇到许多困难。但是他有一种不服输的拼劲儿，跟在师傅左右观察请教，业余时间钻研学习，很快就掌握了车床的操作技术，独立顶岗工作。当别人看到新的程控车床功效高，工作环境好，纷纷放弃使用普通车床的时候，他主动要求使用老车床。他认真地了解车床的性能，加强对它的维护和保养，硬是在这台老车床上干出了别人两倍的工作量。后来，厂里引进了更加先进的数控车床，他又承担了调试车床的任务，通过反复试验测量，他摸索出了最佳切削参数和刀具参数，不但保证了零件精度和表面质量，而且大大提高了加工效率。他用业余时间组织班组成员研究技术，互相切磋技能，还将多年来研究编写的数控程序和工作技巧无私的传授给新来的员工。在他的带领下，班组成长为分厂完成"急、难"任务的一张王牌。

张元泽是中煤集团张煤机公司铸钢车间高级电气工程师。他十几年来一直坚守在劳动强度大、生产任务重，作业环境差的铸钢车间。张煤机的主导产品是井下刮板输送机。铸钢车间承担着刮板输送机关键部件铸造槽帮的生产任务。车间里有从日本引进的自动化程度较高的VRH造型线，还有钢炉、喷丸机、再生机、破碎机等众多单一设备。由于设备多，系统复杂，故障多样，维修难度大，对车间的正常生产造成很大的威胁。每天清晨，当同事们陆续踏入车间大门的时候，他早已在各台设备前巡视完毕，为车间安全生产提供了有力的技术保障。在煤机行业不景气的时候，张煤机的很多技术骨干纷纷跳槽到了工作条件更好，收入更高的企业。张元泽有过硬的专业技术和丰富的生产经营，如果到一个收入高的企业，他在能力、技术上都是没有问题的。但是他深深热爱煤机制造这个行业，他说这些年自己取得的成绩是张煤机给予的，是张煤机培养了他，这里有他施展才华的舞台，在企业困难的时候自己更应该留下来。

张雅东和张元泽两位劳模以神圣的使命感和强烈的事业心几十年如一日，恪尽职守，扎实苦干，为企业创造了价值赢得了荣誉。他们忙碌的身影，辛勤的汗水，无声地诉说了他们对工作的热爱，对企业的忠诚，他们用自己的青春和汗水完美地表现了中国工人伟大的忠诚品格，也打造出了自己在职场上最闪亮的名片。

无论一个人在企业中是以什么样的身份出现，对企业的忠诚都是一样的。作为一名员工，你的忠诚对于企业而言就是恪尽职守、尽职尽责，为企业多做贡献，并且忠于企业的事业。维护企业的形象为荣誉，保守企业的一切秘密，任何时候任何情况下，不做任何有损于企业的事情，你就是一个忠诚的员工。你的忠诚对于你自己而言，就是你成功的通行证，就是你在职场上最闪亮的名片。

忠诚，不仅会让一个人获得更多成功的机会，更重要的是它使一个人获得了弥足珍贵的美德。到任何时候,美德是永远都不会贬值的。

2 忠诚比能力更重要

忠诚是一种美德,也是一种修养,更是一种风骨,一种成大事者的特质。哲学家说:"如果说智慧像金子一样珍贵的话,那么还有一种东西更为珍贵,那就是忠诚。如果你是忠诚的,你就会成功。"因而在很大程度上,忠诚其实远比能力重要。

匡明是一家合资企业的业务部副经理,刚刚上任不久。他的能力非常强,毕业短短两年能够做到这样的位置也算是表现不俗了。但是匡明在担任业务部副经理时,有一次没有能抵制住自己心里的"恶魔",在业务经理的牵线下,收了一笔款子,业务部经理说可以不下账了:"没事儿,大家都这么干,你还年轻,以后多学着点儿。"匡明虽然觉得这么做不太好,但是他也没拒绝,半推半就地拿下了5万元。当然,业务部经理拿到的更多。没多久,业务部经理就辞职了。后来,总经理发现了这件事,虽然非常舍不得才干超群的匡明,但还是辞退了他。

忠诚比能力更重要。失却了忠诚,就算能力超群,又有谁敢信任?

其实职场上关于忠诚重要还是能力重要的争论一直没有停止过。但是一项覆盖全球4000多名白领员工的调查显示,在公司公布升职员工名单时,超过一半的人会感到惊奇和意外。也就是说,那些最终获得升迁机会的人,往往不是工作能力最出色的员工,"冷门选手"更易被升职。原因是在老板眼中,忠诚比能力更重要。

心理专家分析,职场中的"热门选手"大都是业绩优异的员工,但在老板眼里,有一种东西比工作能力更重要——工作态度。美国心理专家罗伯茨·希姆指出:在聪明和忠诚面前,老板的选择永远是后者。因此,千万不要自作聪明,认为只要做好分内工作,达到出色业绩,就能升职。如果在平时工作中，老板感觉你卖弄小聪明、不值得信赖，不管你天赋多高，也无法获得更高职位。

在职场，忠诚是一个员工最基本也是最重要的素质。一个员工能力可以有所欠缺，但在忠诚上却容不得一丝瑕疵。如果你为公司付出你的忠诚，公司也会用忠诚来回报于你。你将会得到领导的赏识，这样你自然就能脱颖而出了。

能力是进入公司谋求发展的敲门砖，没有能力不会得到认可，更不会被委以重任；但忠诚是职场生存稳步做大的护身符，没有忠诚不会得到上司的青睐，更不会被安排要职获得步步高升。能力也可以培养，但一旦失去了忠诚那么企业就面临着危险。

有一个大型家族企业，董事长已经很老了。为了使自己的家族和企业有一个放心的托付，他决定从两个儿子中挑选一个作为自己的接班人。

大儿子叫能力，二儿子叫忠诚。他们被叫到父亲床前，父亲语重心长的对他们说："我老了，我将从你们两个之中选择一个接替我。从今天起你们每人负责一个子公司，效益突出者就是我的接班人，时间为一个月。"

大儿子能力回到该他负责的公司并开始考虑，父亲已经年迈了，他死后的遗产一定会和忠诚平分，那样的话我岂不是拿得少？于是便把企业名下的很多资产都转化为自己的私人财产，但又巧用手段使自己负责的公司的净利润大大增加了。

二儿子忠诚回到该他负责的公司也开始考虑起来，父亲已经年迈了，我应该把他的事业发展得更大，让父亲安心。于是，忠诚每天都很忙碌，把公司的资产清清楚楚地做了核算，并撰写了详细的资产收益报告。在他的努力下，公司的净利润也得到了增加，但相对于能力的增长却还差得很远。但是忠诚还是一如既往地奔波忙碌。

一个月后，他们来到了父亲的床边，床边的椅子上坐着公司的首席律师。父亲说:“我最后的决定让忠诚继承财产和家业，能力营私舞弊，转移资产，没收其应得的家产。请律师帮忙作证和核实。”

能力一听瘫倒在椅子上，原来，两个人的公司里都有父亲的心腹，一举一动都在父亲的掌握之中。

所以，每一个员工都要明白，忠诚比能力更加重要。如果我们每个人都能做到这一点，在本职岗位上恪尽职守，不管领导在不在，都能尽职尽责地做好每一项工作，那么这将是我们走向职业生涯成功的起点。

如果只是强调能力而忽视忠诚显然是危险的。如果没有忠诚，能力越强反倒对企业的损害越大，有哪一个企业愿意用雇用这样的人呢？忠诚不仅是一种品格，它本身就是一种能力，而且是其他所有能力的统帅与核心。只有忠诚的人，才有资格成为优秀团队中的一员。缺乏忠诚的人，就会失去发挥才能的舞台，再大的抱负也会成空，再高的才华也会一事无成。

忠诚胜于能力，不是对能力的否定，而是对忠诚的肯定。

3. 忠诚比智慧更珍贵

阿尔伯特·哈伯德说过:“如果能捏得起来，一盎司忠诚相当于一磅智慧。”按英制的单位换算，一磅等于16盎司，可见忠诚比智慧有价值多了。

一位王子在路过一间公寓时看到他的一个仆人正紧紧地抱着自己的一双拖鞋睡觉，他上去试图把那双拖鞋拽出来，却把仆人惊醒了。这件事给这位王子留下了很深的印象，他立即得出结论:对小事都如此小心的人一定很忠诚，可以委以重任，所以他便把那个仆人升为自己的贴身侍卫，结果证明这位王子的判断是正确的。在任何时候那位仆人都把保护王子放在第一。有一次王子遇险,这位仆人奋不顾身,用自己的身体护住王子,用生命阐释了自己忠诚之心。

忠诚的人总会让人信任。忠诚的员工才会有责任感,才会踏踏实实地工作,才会有竞争力、创造力,组织才会有凝聚力。忠诚给你带来信念、拼搏的精神、韧性、持之以恒的努力。这些,远比能力和智慧重要。

忠诚比智慧更珍贵。因为忠诚的人不管处在哪一个工作岗位上,不管多么平凡多么普通,他都一样兢兢业业、勤奋努力地为企业奉献,无欲无求,无怨无悔。无数的劳动模范、优秀工人用自己的行为把忠诚比智慧珍贵的内涵诠释得淋漓尽致。全国劳模、千里供电大动脉的忠诚卫士、国家电网福建省福州电业局带电班班长冯振波就是这样一位忠诚典范。

冯振波,福州电业局送电部冯振波带电班班长,国家电网公司优秀专家人才,全国技术能手,福建省电力公司首席技师。2006年荣获"全国职工职业道德十佳标兵"称号,并被授予"全国五一劳动奖章"。2008年冯振波当选北京奥运火炬手,2010年被评为全国劳模、国家电网公司劳模,被誉为"千里供电大动脉的忠诚卫士"。

可是谁能想到,这位主编过全国输变电带电作业教材的专家、技术能手、全国劳模,却曾经是一个高中都没念完就参加工作的农家娃子。1986年,福州电业局到农村招收带电线路工,从此,冯振波便与大山、铁塔结下了不解之缘,他的命运也随之改变。

爬电杆、爬铁塔,是线路工必学的基本技能之一。冯振波的师傅卢振环回忆说,冯振波刚当学徒那会儿,一次从训练的电杆上摔下,扭伤了手腕。医生交待他要好好修养一段时间。能够乘机休假,换了谁都乐,可冯振波为了学技能,忍痛咬牙坚持练习,一天假也没请。由于剧烈的疼痛,他的嘴唇都自己被咬出了一道深红的齿印。就这样,原本一周就能好的手伤,拖了一两个月才好。

高压带电作业，要在不切断电源和高电压的情况下从事线路维修、检查和维护工作。冯振波刚成为线路工那会儿，交通条件差，出去巡线坐的都是东风或解放牌的大卡车，每天要来回颠簸百十公里。遇上较大型的检修维护工作，还要常年住在深山的巡线站里。那时使用的作业工具是简陋的敞篷车，在没有遮挡的铁塔上进行高压带电作业，夏天烈日当空、冬天寒风刺骨，工作条件十分艰苦，可是冯振波却乐在其中。

“师傅，我上！”这是冯振波当学徒时说的最多的一句话。一次，古福线一座20多米高的克里姆林宫型铁塔急需带电整座更换，技术难度较大。当时福州只有这一条220千伏双回路输电大动脉，如果停电施工，就意味着整座城将停电。紧要关头，冯振波主动请缨，拿下了这个一般人不敢揽的“瓷器活儿”。而他也由此开始崭露头角。1998年，冯振波挑起了带电班班长的重担。

2008年年初，闽西北电网遭遇历史罕见的覆冰灾害，一座座大山被冰雪覆盖，漫山遍野的线路、铁塔都结了厚厚的冰。冯振波两进灾区，抗冰斗雪，日夜抢修。在爬雪山时，双脚冻得全部肿了起来，脚趾甲里全是淤血，可是为了早日让灾区群众用上电，他全然不顾这些，完全忘我地投入到抢修中。

经历了整整11个迎风而出的清晨与踏雪而归的夜晚，冯振波完成了浦城电网生命线——童九线的抢修。送电那天冯振波才第一次仔细留意了这座山头的风景。当朝阳穿过一缕缕的白云升起来时，冰雪覆盖的山与树，被照得晶莹剔透。冯振波说，那是他看过的最美的风景。

近年来，冯振波主持并参与了十多个大型复杂带电作业项目，最大限度地实现了电网的不间断供电。值得一提的是，冯振波创立的“振波安全系数”，不仅涵盖了《带电作业标准指导书》和《带电作业项目危险点预控措施》的内容，还包括各种工器具革新和正确使用方法。截至2009年年底,冯振波带电班创下了安全生产10662天的纪录。对工作中遇到的疑难问题,冯振波还带领班组开展科技攻关。近年来,他带领的带电班每年都会拿出一至两个科技创新项目,成果屡屡获奖。截至2009年,冯振波带电班共获得6项国家技术专利,有3项科技成果获得省电力公司科技进步奖,并有2项成果被全省推广应用。

"虽然不能跨进名牌大学做研究生,但可用心做好一个带电作业的'研究生';虽然当不了博士硕士,但可以做好一个维护千里供电大动脉的卫士!"如今,冯振波的这句话已经被许多年轻的带电线路工当成了人生的奋斗目标。

冯振波以对事业的无限忠诚和对工作的无限热爱,不仅有长期勤奋努力的学习和工作中弥补了能力的不足,使自己从一个没毕业的高中生成长一个电工专家,实现了自己的人生价值,也为企业、为社会贡献了自己的力量。同时也用自己的成就有力地证明了作为一个普通的工人,忠诚可以弥补智慧和能力的不足,忠诚可以让自己变得能干,变得聪明,变得无所不能。

有一个企业老板说得好:"我的员工可以没有技术,也可以不聪明,也可以不专业,但绝对不可以不忠诚,因为技术可以学来,笨拙可以靠勤奋补,不专业可以培训,忠诚却是用什么也换不回来的比金子还珍贵的品质。如果没有忠诚,我凭什么给他信任?他又怎么可以让我放心?"

忠诚高于能力,高于智慧,高于一切优点。员工的忠诚是企业的无价之宝,每个公司的发展和壮大都是靠员工的忠诚来支撑的。没有一批忠诚的员工,再大再强的公司也会跨掉。那些忠诚于企业、忠诚于老板的员工,才是企业发展最有力的基石,是企业面对困难时最坚强的后盾。

4 忠诚是员工的本分

在人类所有的美德中,忠诚是最重要的一种美德。所有的宗教教义都要求其信徒必须是忠诚的。所有的统帅都要求他的士兵必须忠诚。拿破仑说:不想当元帅的士兵不是好士兵。他还说:不忠诚于统帅的士兵没有资格当士兵。可见忠诚是对于一个人的成功至关重要。

自古以来,举贤任能,均以品德和才能为评判标准。德才兼备者,可委以重任;有德无才者,可委以小用;有才无德者,小人也,不可用。诸葛孔明,未出茅庐,已知天下三分,可谓旷世奇才,同时感念刘备知遇之恩,为其鞠躬尽瘁,死而后已,终成一代名相。而武将吕布,武艺精湛,战三英而不怯,可谓世上少有英才,但是杀丁原,除董卓,唯利是图,反复无常,最终落得身首异处。历史上,这样的例子举不胜举。缺乏忠诚的人立足于社会就像无根之木,无源之水,最终会被社会抛弃。信守忠诚,是每一个人的立身之本,也是每一个员工在职场的立身之本。

作为企业的一员,忠诚更是一个员工应守的本分,应尽的义务,应负的责任。企业给予你岗位、职责、使命,你就必须对企业忠诚。这其实是一种对等的、公平的关系。就像人与人之间的忠诚和信任也是相互的一样。你信任我,是因为我相信你,因为我诚实、守信、正直、对你忠心;我信任你,同样是因为你对我的忠诚和信任。那么企业和员工,其实也就是一种互相的信任和忠诚的关系。

忠诚是义务,是责任,是本分,忠诚不讲条件,忠诚不需回报。一个视忠诚为本分的人,不论什么时候,都会把忠诚放在心上,全心全意、尽心尽力践行着忠诚,奉献着忠诚。有着"第一执行者"美誉的海尔空调总经理杨绵绵,就是一个视忠诚为自己的义务,全心全意为企业贡献智慧和汗水的典范。

作为张瑞敏的"黄金搭档"和助手,杨绵绵为海尔倾注了自己所有的忠诚和全部心血。海尔从濒临倒闭到成长为中国家电第一品牌,凝聚着她的贡献;海尔更新管理模式、锻造企业文化、实行国际化战略的新跨越,她又站在了最前头。在她身上,艰苦奋斗的美德、爱岗敬业的忠诚和开拓创新的魄力同时闪光,而所有这些的背后,都因为她对于企业的无限忠诚。

1984年,杨绵绵踏入了海尔的前身——青岛电冰箱厂。这是一个濒临倒闭的集体小厂,亏空147万元、连换三任厂长毫无起色、600名职工人心涣散……杨绵绵形容当时自己是"从天堂到了地狱",因为她当时是从机关下海的,毕业于山东工业大学内燃机专业,当过教师、经历过工厂和机关的杨绵绵,生活一直过得很悠闲、富裕。杨绵绵没有被"地狱"吓倒,她留下来,成了海尔的创始人之一。

1984年,中国经济刚刚开始破冰,在尚缺乏现代企业管理氛围的大背景下,张瑞敏和早期创业者们率先举起了质量大旗,鲜明地提出实施名牌战略,并将其作为海尔创业时期的最大目标和企业长期生存发展的前提,而主抓质量工作的杨绵绵,正是这一战略的积极推动者和领导者。

人们还记得1985年发生在海尔的"砸冰箱"事件。这一事件不仅成为海尔发展史上的经典案例,也已进入了众多国际著名商学院的MBA案例库。作为海尔创业史上的一个镜头,杨绵绵无疑是当时的主要导演者之一,她用一把有形的锤子,砸醒了全体干部职工的质量意识,第一次在中国企业的员工中树立起争创一流的观念。

如果说,在海尔的创业史上,张瑞敏是一个管理理念的创造者、创新者的话,那么杨绵绵更像一个"布道者",将张瑞敏的思想传播到企业的每一个角落,她所传播的种种理念——"质量之道"、"名牌之道"、"生存之道"、"发展之道",是今日海尔文化的最早雏形。"有缺陷的产品就是废品"、"优秀的产品是优秀的人干出来的"等海尔理念,已经为今天的许多经营者所熟知和理解,但在当时要形成这样一种共同的企业理念,要孵化一种全新的企业文化,却要付出一个"布道者"的毅力和耐心。

那种最初的"布道",不仅要灌输一种全然不同的理念,在很大程度上,还是一种与今天海尔全然不同的"细节管理"。在创业初期的日日夜夜里，杨绵绵几乎每天都在用眼睛巡视这个企业，巡视着一条条生产线，巡视着每一个岗位，正是那些根本不起眼的小小细节和繁杂的基础质量工作，像堆砌金字塔的数百万块基石，奠定了今日“中国海尔”这一名牌。海尔独立董事、管理专家潘承烈说：“如果没有杨绵绵的工作，张瑞敏的管理思想不可能如此顺利地执行，她擅长将首席执行官制定的政策落实下去。”

如果说，在海尔发展历史中的每一个重大关头，身为统帅的张瑞敏，总能用自己的高瞻远瞩的视野、创新性的思维，指明海尔前进方向的话；那么，作为“黄金搭档”和助手的杨绵绵，总是坚定地发挥着第一个倡导者、实践者、推动者的作用，将张瑞敏的思路和海尔战略迅速付诸现实，而且是创造性地实践。

有个“一根头发丝”的故事，生动地演绎了她的执行精神。

一次，杨绵绵在分厂检查质量工作，在一台冰箱的抽屉里发现了一根头发丝。她立即召开全体相关人员会议，有的职工说，一根头发丝不会影响冰箱的质量，拿掉就是了，没什么可大惊小怪的。但杨绵绵斩钉截铁地告诉在场的干部职工：“抓质量就是要连一根头发丝也不放过！”

今天，我们已经听到了千百个海尔员工抓质量一丝不苟的故事，而这千百个故事的序言，就是那个“一根头发丝”的故事。

1988 年，是海尔创业史上的一个里程碑。在仅仅艰苦创业了 4 年后，海尔冰箱就获得了中国家电冰箱史上的第一块国优金牌；1991 年海尔又获得了“全国首届十大驰名商标”。如今，海尔已成为世界企业高质量的品牌象征，2001 年海尔品牌价值评估就已经为 436 亿元，是中国家电行业第一品牌。

一根头发丝的重量几乎可以忽略，但在海尔人眼中，那一根头发丝，却和 436 亿元的品牌价值有着同等的分量。

杨绵绵对海尔有着无限深厚的感情，对海尔的忠诚和热爱也体现在她的一言一行之中。杨绵绵曾经对记者这样说:我在海尔工作了多年,自己的喜怒哀乐早已和海尔融为一体。海尔像我的一个孩子,看着它长大。听到人们说海尔好,海尔的产品给他们的生活带来益处时,我就感到特别开心;当听到人们说海尔时,我会很苦恼。

杨绵绵倾心着海尔、热爱着海尔、忠诚于海尔,也正是源于这种倾心、热爱和忠诚,在别人看来是艰苦的工作,在杨绵绵眼中却是一种快乐——为海尔奋斗而快乐。

有一年9月,杨绵绵到新疆乌鲁木齐参加洽谈会。一下飞机,她不是先到下榻的地方,而是一头扎进商场实地调研,调研完后,又连夜召开座谈会,商讨市场调整的策略。此后,在新疆的每一个终端市场,人们都看到了杨绵绵的身影。此次实地考察,杨绵绵连续奔波了6个昼夜,以至于在返回乌鲁木齐的途中,她累得一到车上便睡着了。而在抵达目的地的当晚,杨绵绵又出现在座谈会上,尽管由于疲劳过度,嗓子发炎,已几乎说不出话来,但她还是坚持召集工作人员一起讨论在调研中发现的问题,等到8个问题全部讨论结束,已是第二天凌晨4点,而上午8点,她又出现在下一个行程的飞机上。

杨绵绵常常是事必躬亲——对每一项有关海尔发展的事项她都时刻放在心上、实践在行动上——以至于她忽略了疲倦,而让人们觉得她仿佛不知疲倦。

人们还记得这样一件事。2000年9月,海尔在全国10个城市举行B2B洽谈会,这是海尔历史上的一次重大市场行动。杨绵绵再次担纲,在长达一个月的时间里,她穿梭于济南、广州、上海、武汉等10个城市,先后逐一主持了这10个城市的洽谈会,而且还在中间返回青岛参加了两个会议。面对员工们关切的目光和询问,杨绵绵惯常的回应是笑笑,那意思是:放心,我没事。

在此次市场行动中，杨绵绵每到一个地方，第一件事就是到会议现场看布展情况，并和商家现场交流。有时尽管飞机到达目的地很晚了，但她的第一个安排仍是赶往会场，这个“惯例”到现在谁也没有给她改变过来，也不可能改变。

杨绵绵总是这样反复说着一句话：“只有到现场才能发现问题，正因为商家对海尔产品很重视，所以我们更应该而且必须把工作做得更好！”

20 多年来，杨绵绵的每一天都和海尔联系在一起，而且每天都工作 10 个小时以上，在她的日程表上，几乎没有节假日，而且往往节假日的时候，是她工作最忙碌的时候。每次出差回来，她的第一个去向是企业。张瑞敏曾经多次希望她在星期天在家里休息放松一下，但杨绵绵已经形成了习惯，仍然不由自主地出现在自己或部下的办公室里，甚至是车间里。

20 多年来，作为首席执行官张瑞敏的助手，杨绵绵历任海尔集团副总裁、常务副总裁、执行总裁、总裁。在 20 多个春夏秋冬的耕耘下，她和 3 万余海尔人一起，用神奇的创造力、神奇的速度，为中国的民族工业打造了一个世界名牌，在这一历程中，杨绵绵也打造了自己事业与人生的辉煌。但在 20 多年的历程中，无论身处什么领导位置，杨绵绵总是以一个普通海尔人的胸怀，用对事业、对海尔的地限忠诚，在实践着自己的人生理想，在实现着人生的价值。

2001 年第 12 期《当代经理人》选出了“中国十大女经理人”，2004 年，美国《财富》杂志评出世界商界 50 女强人，她名列第 8 位。2006～2008 年连续上榜《福布斯》“全球最具影响力女性”。全国人大第七届、第八届、第九届、第十届、第十一届代表。先后被评为青岛市、山东省和全国劳模，获得过“第四届全国优秀女企业家”、“第六届全国优秀创业企业家”、“第八届全国发明展览会巾帼发明奖”、“五一劳动奖章”、“国家科技成果奖”、“聂荣臻发明创新奖”等荣誉。两次入选美国《财富》杂志评选的“美国以外世界50位商界女强人”。

看了杨绵绵的故事,相信会给大家很大的启悟。忠诚其实不仅仅是一种品格,一种境界,更是一种行动,一种实实在在的奉献之心。它是每一个人应尽的本分,却偏偏能在这种对本分、对职责的坚守中释放出难以抗拒的巨大力量,发出震耳欲聋的巨大回响,涤荡着我们的心灵,辉煌我们的人生。

5　对企业怀耿耿忠心

员工和公司其实是一体的,“一荣俱荣,一损俱损”,忠诚的员工明白这个道理,因此他对于公司永远忠心耿耿,任何时候也不会出卖和背叛企业,不会损害企业的半分利益,不会出卖公司的秘密,更不会损坏公司的形象。

一次激烈的商业谈判中,双方的交锋异常尖锐。A公司的谈判人员要想按照公司事先定好的计划来谈恐怕会有一些问题,但是他们必须获得成功,因为这次交易的商业利润非常可观。B公司也有自己的底线,但是他们不能轻易地亮出自己的底线,谈判一直在僵持中。

A公司一直摸不清B公司的谈判底线,经过几天的周旋,还是没有进展。A公司的谈判助理说:“实在不行,我们就收买他们的谈判人员,答应谈判成功之后给他满意的回扣,这对我们来说,是舍小保大,从长远来看,是值得的。”

A公司的谈判助理制订好计划就开始了运作。然而,事情出乎他的意料,他提出的交易遭到了B公司谈判员的坚决拒绝。

A公司的谈判助理把这个消息告诉A公司的谈判主席时,

谈判主席却笑了，并且点点头。

第二天谈判开始的时候，A 公司的谈判主席说："我们同意贵公司提出的价钱，就按照你们说的价钱成交。"这是让 A、B 公司两家谈判成员都没有想到的。

接着，A 公司的谈判主席继续说："我的助理做的事情我是知道的，我当时没有反对，就是想证明一件事。最终证实我的猜想对了，贵公司的谈判人员不仅谈判技巧高，而且协作非常好，最关键的一点是，你们对自己的公司非常忠诚，这很令我敬佩。我们是对手，成交的价钱是我们分胜负的标准。但是，一个企业的生存并不仅仅依靠赚钱的多少。员工的忠诚和责任对于一个企业而言，才是命脉。你们的表现让我看到贵公司命脉坚实，和你们合作，我们放心。从价钱上来看，我们是亏了一些，但我认为我们会赚得更多。"

"我们需要忠诚的员工！"这是所有用人单位共同的心声。因为老板知道，不忠诚的员工就像定时炸弹一样，一旦爆炸，必然给企业带来无以估量的损失，这样的员工不用也罢。

缺乏忠诚，就是缺乏起码的做人原则，这样的人不会得到他人的信任，只会让自己的职业生涯走向末路。相反，忠于职守的人，生活会奖赏他们。

有位刘先生，他的一位远房亲戚在欧洲开饭店，邀请他过去帮忙。可天不如人愿，他到欧洲不久，亲戚就突然患病去世了，因为资金周转不灵，饭店很快就垮了。

刘先生不想回国，就在当地找了份工作。几年后，他到一家中等规模的保健品厂工作。公司的产品不错，但是知名度不高，产品卖得并不是很好。

他踏踏实实地从推销员干起，一直做到主管。有一次他坐飞机出差，不料却遇到了歹徒劫机。在各界的努力下，度过了惊心动魄的十几个小时之后，问题终于解决了，他可以回家了。就在要走出机舱的一瞬间,他突然想到在电影中经常看到的情景,当被劫机的人从机舱走出来时,总会有不少记者前来采访。

为什么自己不利用这个机会宣传一下自己的公司形象呢?

于是,他立即做了一个在那种情况下谁都没想到的举动。从箱子里找出一张大纸,在上面浓墨重彩地写了一行大字:“我是××公司的××,我和公司的××牌保健品安然无恙,非常感谢营救我们的人!”

他打着这样的牌子一出机舱,立即就被电视台的镜头捕捉住了。他立刻成了这次劫机事件的明星,很多家新闻媒体都对他进行了采访报道。

等他回到公司的时候,公司的董事长和总经理带着所有的中层主管,都站在门口夹道欢迎他。原来,他在机场别出心裁的举动,使得公司和产品的名字几乎在一瞬间家喻户晓了。公司的电话都快打爆了,客户的订单更是一个接一个。

董事长动情地说:“没想到你在那样的情况下,首先想到的仍然是公司和产品。毫无疑问,你是最优秀的推销主管!”董事长当场宣读了对他的任命书,主管营销和公关的副总经理。之后,公司还奖励了他一笔丰厚的奖金。

维护企业的荣誉是一个忠诚员工义不容辞的责任,也是老板对员工的殷切希望。他们希望员工以繁荣企业为己任,能够在企业面临困境时,勇敢地站出来,像捍卫自己的荣誉一样来捍卫企业的荣誉。

对企业忠心耿耿,还要做到始终如一地为企业服务,不轻易跳槽。一个忠诚的员工也不可能是一个跳来跳去的员工。其实频繁跳槽的人最终损害的还是自己,这样的人让人不敢放心也难以信任。

很多人工作一不如意就跳槽,人际关系不行也跳槽,看到待遇好的工作就更要跳槽,有时甚至没有任何原因也跳槽。在他们的眼里,下一个工作肯定比现在的好,一切的问题都可以用跳槽的方式解决,就这样不停地跳来跳去,结果就失去了自我,也失去了方向,甚至找不到自己到底该干什么了，跳槽倒成了他的工作一样，最终还会栽倒在这跳来跳去上。

世界上的事情不可能每一件都顺心如意，当自己不再适合公司的大环境时，最好还是调节我们的心态，做出改变而不是跳槽。因为跳槽并不能解决问题的根本，它只能解决一时，当发现自己又和新公司产生矛盾时还会跳槽，如此跳来跳去只会陷入恶性循环中。最好的办法还是改变自己。

猫头鹰急促而忙碌地在树林里飞着。

一旁的斑鸠好奇地问："老兄，你究竟在忙什么？"猫头鹰气喘吁吁地回答："我在忙着搬家。"斑鸠疑惑不解地再问："这树林不是你的老家吗？你干吗还要再迁移搬家呢？"此时，猫头鹰叹着气说："在这个树林里，我实在住不下去了，这里的人都讨厌我的叫声。"

斑鸠带着同情的口气说："你唱歌的声音实在聒噪，令人不敢恭维，尤其在晚上更是扰人清梦，所以大家都把你当作讨厌的人物。其实，你只要把声音改变一下，或者在晚上闭上嘴巴不要唱歌，在这林子里，你还是可以住下来的。如果你不改变自己的叫声或夜晚唱歌的习惯，即使搬到另外一个地方，那里的人还是照样会讨厌你的。"

寓意再明白不过，频繁跳槽并不能从实质上改变我们的境遇，只有改变不良的现状，才能得到别人的青睐。

忠诚度高的员工一般不会轻易地选择跳槽，因为他对企业、对职业、对岗位、对工作都有一种高度的责任感，这种责任感会让他全心全意地专注于做好这份工作，而不会太计较这份工作的好坏得失，计较自己的利益。但是恰恰因为他的忠诚和专注，让他能取得比别人更大的成绩，减少了变换工作的成本，反而更容易成功。

真正对企业有信心、对企业忠诚的好员工是不会轻易跳槽的。因为他知道他的忠诚一定会有回报，他的忠诚是企业不断发展的力量之源。

第三章　敬业:卓越工作态度的源泉

敬业是最可贵的职业品质,是人类共同拥有和推崇的优秀品格和职业精神。敬业最重要的内涵,是一种发自内心的对工作的重视和热爱,以及由此产生的奉献精神、责任心和进取心。敬业的人对工作精益求精、对组织尽心尽力、对自己严格自律,像热爱生命一样热爱工作,做任何工作都忠于职守、尽职尽责、认真负责、一丝不苟。敬业是卓越工作态度的源泉,是一个人从普通走向优秀,从优秀走向卓越的关键。

1 敬业是卓越工作态度的源泉

所谓“敬业”，就是敬重自己的工作。把工作当成自己的事，溶入生活的方方面面，从内心得到视工作为爱好、为使命、为职责，忠于职守尽职尽责、一丝不苟、全心全意地工作，对工作有高度心使命感和责任感。敬业是人的使命所在，是人类共同拥有和推崇的一种精神。敬业就要像对待生命一样来对待自己的工作，不为自己寻找任何借口来逃避工作，这种道德感在当今社会得以发扬光大，使敬业精神成为一种最基本的做人之道，也是成就事业的重要条件。

敬业是一种精神。世界上的伟人屈指可数，绝大多数的人都是平凡的普通的，在平凡的岗位上，做着普通的工作，还有很多人的工作环境艰苦、工作任务繁重，但他们一样在自己的工作岗位上兢兢业业、任劳任怨，这就是他们的精神，敬业奉献的精神！我们的企业正因为有像他们这样具有崇高敬业精神的员工队伍，才能在一次次的竞争中夺得胜利，赢得荣誉，社会和国家也正因为有了他们的默默奉献才有了长足的进步和辉煌的成就。

敬业也是一种态度。敬业就是兢兢业业做工作的态度。不要问企业为我们做了什么？而要问，我们为自己的企业做了什么？当我们接到领导交办工作的时候，是讨价还价能推就推，还是尽职尽责努力完成不讲任何理由？当我们在工作中遇到困难和挫折的时候，是等待观望半途而废，还是自我激励攻坚克难无往而不胜？当我们自觉晋级升迁没有达到期望值的时候，是牢骚满腹怨天尤人，还是自我反省加倍努力？现实中很多人尽管才华横溢，但总是怀疑环境、批评环境，殊不知，就是因为所持有的这种态度，才对他的进步和成长打了一个很大的折扣。

敬业更是一种境界。敬业的人就把它当成一种享受，一种追求，一种境界。敬业不只是在枪林弹雨中的辉煌，不只是在紧急危难时的高扬，它更应该是一种默默的奉献,一种高尚的理想,一种强劲的精神力量。

一份职业,一个工作岗位,是一个人赖以生存和发展的基本保障,只有敬业的人,才会在自己的工作岗位上勤勤恳恳,不断钻研学习,一丝不苟,精益求精,才会为社会、为企业作出贡献。也只有爱岗敬业的人,才有可能成为企业的栋梁之材,实现自己的人生价值!

敬业精神是最基本的做人之道,也是成就事业的必要条件。从长远来看,无论从事什么工作,没有敬业精神的人是难以站住脚的。即使因其他原因暂时得到了一些实实在在的利益,也不一定能够保持长久。试看各行各业的领军人物、社会名流、劳动模范、先进工作者,又有哪一个不是敬业的典范呢?

敬业是最可贵的职业品质,它可以使人从一般走向优秀,从优秀走向卓越。这也正是中国工人从优秀走向卓越的资本。无数优秀的普通工人正是以高度的敬业精神成就了自己,也为国家为社会贡献出了自己的力量。

河南省劳动模范王全霞就是这样一位敬业、奉献的普通工人。

1983年,王全霞走上了平凡的环卫清扫岗位,成为了洛阳市1名环卫工人,在环卫战线上一干就是27个春秋,她任劳任怨,埋头苦干,不怕脏和累,把美好年华无私地奉献给了执著追求的环卫事业,用艰苦的劳作和辛勤的汗水给市民创造了一个整洁舒适环境,也为自己谱写了一篇爱岗敬业、无私奉献者之歌。

1999年夏天,王全霞主动请缨去清扫当时路面条件最差、劳动强度最高的华山路段,由于那里每天有大量的运煤车经过,来往行人也较多,为了不影响附近工人的正常上下班,她每天都是天不亮就到路面上清扫,每天工作时间都在十几个小时以上,这样的工作干一天下来腰酸背疼,回家倒头即睡,连饭也不愿意吃。有一次凌晨3点多,她到该路段扫地时,由于路面太黑,不慎跌进了路边的窨井里,造成全身多处摔伤,但是为了保证路面的整洁,也为了不给其他的同志增加负担,她当时就简单的包扎了一下,忍着剧痛坚持将当天的路面保洁工作干完。当晚上拖着受伤的身体回到家时,家人发现她受伤的部位已经肿胀的不能弯曲,就这,她还是一天都没有休息。她就是以这种高度的敬业精神,27 年如一日,将马路保洁工作、果皮箱的清洁、垃圾的收集等各项工作出色的完成,在平凡的岗位上,做出了不平凡的业绩。正是由于她突出的表现,年年都得到嘉奖。1999 年被评为洛阳市第一届“十佳美容师”,受到市政府的嘉奖;2000 被评为洛阳市涧西区第一届“环卫十大女性”;2003 年被授予洛阳市“三八红旗手”。她所带领牡丹广场站也成为了环卫局的标兵站,并多次在区级、市级组织的文明卫生检查活动中得到好评。

敬业是我们拥有卓越工作态度的源泉,也是成就我们事业的重要保证。不论我们的工资多么低,不论老板多么不器重,只要我们有敬业的品格和精神,就会毫不吝惜地投入自己的精力和热情,我们就会为自己的工作感到骄傲和自豪,就会赢得他人的尊重。敬业是付出,但付出的同时却是巨大的收获;敬业是施予,却在施予中得到充实。就像克里斯托夫·查普曼在墓碑上刻着的那行字:“我从施予当中获得充实。”你也会因敬业的施予而充实,因付出你所应该付出的而快乐。因为工作除了能使我们得到活下去的资本外,还带给我们生活的意义,让自己充实,让我们总觉得有几分价值、温馨和安宁的感觉。

没有工作的人是空虚的,即使他们有活下去的财富;没有工作的人必然是不安的,因为他不但面临三餐不继的不安,同时由于脱离社会主流,造成了一种莫名的恐慌。有工作而不肯敬业的人,也会觉得生活失去意义,打不起精神,最后会破坏精神生活,导致生活的困扰。

敬业使一个人工作愉快,有活力。它使人乐于工作,尽心把工作做好,从而获得成功和喜悦。敬业使你对工作充满热情,对工作积极主动,任何时候都能以最好的态度投入工作中去,敬业的人有一种认真的工作态度和坚持的工作作风,因而也能把工作做到最好。也正是如此,敬业的人,一生都绽放着活力和光彩敬业的人,自然而然有了卓越的工作态度。

2 做任何工作都兢兢业业

古人说得好,三百六十行,行行出状元。每一份工作,都蕴藏着成功的机会,热爱工作就是拥抱成功的机会。不论这份工作在他人看来是多么不起眼,甚至不体面。

有时岗位可能与我们心里想的有差距,原本是冲着那样的岗位进公司的,却被分配到了这样的岗位上。从公司的角度考虑,首先,让你做什么工作,是上司认为你是合适的人选;其次,是为了让你得到锻炼,进一步了解公司的文化和经营管理状况,这对于你日后成长为一个优秀的人才是大有好处的。任何岗位都是锻炼的机会。只有想到这个层次,你才会积极适应岗位,热爱岗位,使岗位成为对你来说最恰当的岗位。

无论多么不起眼的工作,只要学会重视自己的工作,那么终究会实现自己的价值。

王琦玉在1999年加入上海市远东大饭店成为餐饮部门的经理之前,他曾在瑞士、法国顶级的饭店、台湾省的西华大饭店服务长达7年之久,是属于那种觉得工作令人振奋,又能表现卓越的后起之秀。

年纪才30岁出头。王琦玉却没有时下一些年轻人自大、傲慢、自以为是的特征,反而处处展现出成熟男人独具的“谦和、礼让、热力四射”的品质。王琦玉非常“热爱工作”,并将热情完全表现在工作之上。对他来说,服务的工作是再适合不过了。

他给人的第一印象是“快乐、积极、乐观、声音洪亮、动作利落”,还有亲切“迷死人的笑容”。

到远东大饭店香宫用餐的客人,常常会碰到他在餐厅里巡视,招呼客人,帮同事上菜,是个地地道道、脚踏实地、乐于工作的人。

有一回,有人问他:“琦玉,你总是笑口常开,是不是非常喜欢这份工作?”

“我不是非常喜欢这份工作,我是‘超特’喜欢这份工作啦!”王琦玉微笑幽默地说,“真的!我‘超特’喜欢餐饮服务,尤其是在这种五星级的饭店。在这里,我有很大发挥的空间,感到很自由、弹性与愉悦,很有成就感。我真的爱死这份工作了!”

世界上有无数的人才能平平,却靠着他们良好的态度,能做到处事顺利、事业有成,态度决定一切,有良好的态度就能有好的收获。种瓜得瓜,种豆得豆,种了瓜是不会收获豆的。

即使这份工作自己不太喜欢,也要尽一切能力去改变自己的态度,去热爱它。并凭借这种热爱去发掘内心蕴藏着的活力、热情和巨大的创造力。事实上,你对自己的工作越热爱,决心越大,工作效率就越高。当你抱有这样的热情时,上班就不再是一件苦差事,工作就变成了一种乐趣。就会有许多人愿意聘请你来做你更热爱的事。如果你对工作充满了热爱,你就会从中获得巨大的快乐,你一定会是一个敬业的员工。

一个热爱自己的工作,从心里尊敬自己的职业的员工,对待工作总是有100%的工作激情,十二分的投入。无论把他放在哪一个岗位上,他都能够兢兢业业、任劳任怨地发挥自己的智慧和才干,尽职尽责地把工作做到尽善尽美。

3 养成敬业的习惯

常言道,习惯成自然。任何事情一旦形成一种习惯之后,一切便都成为自然而然的事了。敬业也是一样,时时刻刻把忠诚敬业刻在心中的员工,会把忠诚敬业当成一种生活的态度,任何时候都自然而然地去做它,而不用刻意为之。

敬业的员工,他们努力、尽职尽责、力求完美地干好工作,不是为了对老板有个好的交代,而是敬业精神驱使他们无论干什么样的工作,都必须做到尽善尽美,这是他们的工作态度,也是他们的职业习惯,这种习惯会让他们受益终生。因为敬业的人能从工作中学到比别人更多的经验,而这些经验便是我们向上发展的垫脚石,就算我们以后换了地方、从事不同的行业,我们的敬业精神也必会给我们带来帮助。把敬业变成习惯的人,从事任何行业都容易成功,什么时候都出类拔萃。

浙江中马汽车变速器有限公司总经理张春明,就是一位以敬业为习惯的劳模。

1996年,张春明曾经被派到日本,在丰田公司旗下的一家变速器公司学习技术,以自己的勤奋好学,掌握了一些尖端的技术。2002年,在中马集团董事长吴良行的盛情邀请下,他放弃在日资公司的丰厚待遇,来到中马集团开创汽车变速器事业,并担任了浙江中马汽车变速器有限公司的总经理。

张春明到中马后,把自己的全部身心都投入到了中马的变速车开发上,为了提高生产效率,他共组织实施了3次大的技术改造,先后投入1.5亿元引进国外先进的设备和国内机电一体化设备200多台套,从而形成了年产15万台汽车变速器的生产能力。他还带领公司开展技术革新,积极开发新产品和新工艺,其中"低速轻型车变速器"被列为2005年度市重大科技项目,"轿车变速器"被列为2006年度省级新产品,公司一种"倒挡同步装置"和另一种"汽车变速器换挡杆座"获得国家实用新型专利,"左操纵变速器"的开发,填补了国内空白。

作为一名老总,张春明对工作的兢兢业业和恪尽职守受到了公司上上下下的赞誉,也得到了社会的普遍承认,他被评为市级劳模,用他自己的话来说就是:我对工作的敬业,已经成为了一种习惯。正是有了这种敬业精神,他在抗击"云娜"台风时带领职工通宵达旦奋战在风雨中;正是有了这种敬业精神,他每年有3个假期，却只在春节时才回家看看；正是有了这种敬业精神，他在中马变速器公司带出了一支一流的团队，把中马变速器公司办成了一个一流的公司。如今敬业已成为他的一种习惯，这就是一个劳模的魅力所在。

当我们将敬业当成一种习惯时，能够从其中领悟到更多的知识，积累更多的经验，能从全身心的投入工作的过程中找到快乐。把敬业变成习惯，从事任何行业都容易成功。每一个职场中人，都应该磨炼和培养自己的敬业精神，无论你将来到什么位置，做什么工作，敬业精神都是你走向成功的最宝贵的财富。

即使是补鞋工作，也有人把它当作艺术来做，全身心地投入进去。不管是一个补丁还是换一个鞋底，他们都会一针一线地精心缝补，这样的补鞋匠你会觉得他就像一个真正的艺术家。

没有敬业习惯的补鞋匠则截然相反，随便打一个补丁，根本不管它的外观，好像自己只是在谋生，根本没有热忱来关心自己工作的质量。毫无疑问，最后能成为补鞋专家，能在补鞋上做成一番事业，也能把补鞋补成一门艺术的，肯定是前一种人。

那么，什么是敬业，怎么样做才算是敬业，如何才能让敬业成为一种习惯，成为生命的一部分呢？

首先是立足现实踏实工作。立足现实踏实工作是敬业的起点和最起码的要求。每个人都想找到一份薪酬高、条件优又和自己的爱好及特长完全一致的工作，但面对僧多粥少的就业形势，这种愿望并不是人人都能够实现的。有一部分人所从事的工作与自己的爱好是格格不入的。也有一些人的特长在所从事的工作中不能够得到充分有效的发挥，即“不对口”。但这都不是可以不热爱自己的本职工作，不踏踏实实做好本职工作的理由。而应该立足实际干工作，踏踏实实谋发展。不对口就从零开始学习与本职工作对口的东西，不能发挥特长就让特长融入自己的爱好和生活，在条件成熟时让其闪光。踏踏实实做好本职工作，让敬业精神在本职工作中闪光，无论是对国家、对人民、对自己都是筑基工程。无论从长远看,还是从综合来讲,立足实际踏踏实实工作肯定错不了,也不会错!

其次是自觉学习强化能力。学习也是敬业,而且是必不可少的敬业。只有不断学习才能提高能力,适应不断发展的工作需要。无论是政治、业务学习,文化素养提高,还是职业技能培训,都应做到自觉和主动。不学习,连所从事工作的新规定都搞不清楚,何谈干好工作,敬业更无从谈起。

第三是谋求一流力促发展。营造一流的工作业绩,促进工作不断深入开展是最大最显著的敬业。随着经济和社会生活的快速发展,随着人民素质的不断提高,只知听从上级安排,像机器一样干现成活吃现成饭的人逐渐不再是敬业的典范,或只能被视为低层次的普通型的敬业了。高层次的敬业则是在深刻领会和把握有关法律、法规、政策和上级意图的基础上,充分发挥自己的聪明才智,将所担负的工作做得尽善尽美,营造一流的工作业绩,并力促工作的进一步深入开展。

养成敬业的习惯,磨练敬业的精神,我们就能在成功的道路上走得更远,更光明!

第四章　责任：至高无上的职业精神

责任是至高无上的职业精神，责任是一个人品格和能力的承载，是一个人走向成功必不可少的素养，更是一种崇高的品格。责任成就伟大，责任铸就成功，所有成功的人，都是具有高度责任感的人。聪明、才智、学识、机缘等固然是促成一个人成功的必要因素，但缺乏了责任感，没有人可以取得成功。

1. 责任是至高无上的职业精神

爱默生说，责任具有至高无上的价值，它是一种伟大的品格，在所有价值中它处于最高的位置。科尔顿说，人生中只有一种追求，一种至高无上的追求：就是对责任的追求。害怕承担责任的人是永远不可能担当重任的。正如二战三巨头之一、曾任英国首相的温斯顿·丘吉尔所说的那样："伟大的代价就是责任。"

责任是什么？责任就是一个人必须承受的义务和必须担负的职责。责任是一种使命，一种义务，一种义不容辞必须担负的道义。责任就是你的角色赋予给你的使命，就是你的工作带给你的义务。

对于普通人而言，责任是对自己所负使命的忠诚，对自己工作职责的坚守。

一个来自湖南的女孩却用自己真实的事例给我们上了一堂生动的责任课。

23岁的文花枝是湖南湘潭新天地旅行社的导游。2005年8月28日下午2时55分许，文花枝所带团队乘坐旅游大巴在陕西延安洛川境内与一辆拉煤的货车相撞。这是一次夺走6条生命、造成14人重伤8人轻伤的特大交通事故。当可怕的瞬间过去，坐在前排的文花枝清醒过来时，发现和自己同坐前排的司机和西安本地导游已经罹难。她自己左腿胫骨断裂，骨头外露，腰部以下部位被卡在座位里不能动弹。

营救人员迅速赶来，他们想将坐在前排的文花枝抢救出来，她却平静地说："我是导游，后面都是我的游客，请你们先救游客。"

车祸中的幸存者，湘潭电化集团的万众一回忆说："由于汽车碰撞得十分严重，每次救援一个游客都需要很长的时间。在等待救援的时候,文花枝自己忍着痛苦不断给我们鼓气,要我们不要睡过去,要挺住。小文还说,我们一定要坚持,我们一定要活着回去。很奇怪,一个弱女子怎么还有那么大的气力给大家喊话。如果不是小文不断鼓劲,我自己一口气接不上来可能也就完了。”事实上,文花枝此时被卡在前排,数次昏迷。

长达两个多小时的艰难营救对于伤者无疑过于漫长。数次昏迷的文花枝只要一醒过来,就又给自己的游客打气。文花枝是最后一个被营救的伤员,当时已是下午4点多了。洛川县交警大队的一名警官亲手将文花枝救出旅游车,他后来对前来陕西处理事故的湘潭市旅游局领导感叹:“作为交警,我不得不对小文的这种勇气和举动由衷地敬佩。”

由于腿上的伤势严重,左腿9处骨折,右腿大腿骨折,髋骨3处骨折,右胸第4、5、6、7根肋骨骨折,伤口已经严重感染。文花枝被送到洛川县医院后随时有生命危险,院方决定29日凌晨让其转到医疗条件更好的解放军第四军医大学附属西京医院。29日下午,为了避免伤势进一步恶化,西京医院专家小组决定立即为她做左大腿截肢手术,一位年轻的姑娘就这样失去了自己的一条腿。主治医生李军教授惋惜地说:“太可惜了,若早点做清创处理,不耽误宝贵的抢救时间,她这条腿是能够保住的。”

“我是导游,后面都是我的游客,请你们先救游客。”这就是文花枝这个普通的导游身上所体现出来的责任意识:责任比生命更重要。

责任是至高无上的职业精神,工作就意味着责任,一份工作就必须要承担一份责任,勇于负责是一个职员最基本的道德素质。当你因为面对工作的难题而苦恼时,记住这是你的工作。你选择了它,就要有为它负责到底的准备,因为选择工作的同时也选择了责任。在这个世界上,没有不需要承担责任的工作,也没有不需要完成任务的岗位。你得到了一份工作,你就必须承担起一份责任,这无可推卸,更不能逃避。

责任至高无上。责任是一个人品格和能力的承载，是一个人走向成功必不可少的素养，承担责任既是一种崇高的职业道德，也是一种高尚的人格精神。所有成功的人，都是具有高度责任感的人。聪明、才智、学识、机缘等固然是促成一个人成功的必要因素，但缺乏了责任感，没有人可以取得成功。

2 责任是做好工作的保证

事实上，责任贯穿一个人的一生，它与生命同在，它就像血液一样融入你的身体里，即使你不想承担，也无法将它与你分开，责任与生命形影相随，每一个人从出生开始，就有了作为社会的一分子的责任。所以，无论你为人父母，还是为人儿女，还是为人员工，每个人都要用最佳的态度对待自己肩负的责任。

但是，职场中也到处都是缺少责任感的人，这些人存在着认识和态度上的盲区，都认为自己的职位低下，责任与自己没有关系。这显然是一种极为错误的认识，责任可以不同，但不能没有，即使职位低，即使工作平常，也存在着不可缺少的责任。

工作本身就意味着责任，一个人的工作态度折射着他的人生态度，而人生态度决定了一个人一生的成就。工作对一个人而言究竟是乐趣，还是枯燥乏味的事情，其实全要看自己怎么想，而不是工作本身。从工作中获得快乐、成功以及满足感的秘诀并不在于专挑自己喜欢的事情做，而在于发自内心地喜欢自己所做的工作。一个对工作负责任的人，无论他眼下是在搞清洁、是挖土方还是在经营着一家大公司，都会认为自己的工作是一项神圣的天职，并怀着浓厚的兴趣去努力做好。

责任不仅是我们做好工作的前提保证，也是激发我们生命潜能的内在力量。

喜爱足球的人应该不会忘记，2007 年 7 月 29 日那一场令人热血沸腾的“奇迹”般的比赛。在此之前,亚洲杯已经让人觉得索然无味,但伊拉克这支并不起眼的球队,却点燃了观众的热情,将他们的目光重新聚焦在了赛场上。没有人会猜到,伊拉克——这支没有经费、没有外援,甚至连起码的人身安全都得不到保障的球队,面对财大气粗、骁勇善战的对手——沙特,居然可以取得胜利。

这是一场让人血脉贲张、令人感动的比赛。

比赛一开始,伊拉克便像离弦之箭疯狂进攻。

众所周知,足球是一项非常耗费体力的运动,一般而言,球员都会在开始阶段逐步热身,以保持体力。然而,伊拉克的球员,却像比赛时间只剩下最后一分钟,他们全力进攻、全场拼抢,这样的开场气势,连解说员都不免为其捏了一把汗,甚至有人担心,以这样的踢法,伊拉克能不能撑到全场比赛结束。

然而,那些绑着黑纱的队员们,似乎有用不尽的力量,他们这种“疯狂”的玩命拼杀,不仅让对手措手不及,更以气势压倒对手:你抢了我的球,我拼了老命也要抢回来,一个人抢不回,就来两个人围抢。当然,想获得胜利,光抢到球还不行,还得射门得分,令人羡慕的是,伊拉克居然还有球传得这么流畅,配合思路简单明了,让沙特后卫扛也扛不过、追也追不上的中前场。沙特显然被打傻了,后卫简直就拿伊拉克的10号尤里斯一点办法都没有,连开大脚的动作都显得那么的不协调,结果球又被伊拉克抢去了,继续进攻。

拼命式的攻守快速消耗了伊拉克的球员体力,此时,几乎所有观众都站到伊拉克一边,希望他们胜利,希望他们夺冠,因为,他们的血性不仅令无数球迷疯狂,更让人感受到他们在用生命诠释作为一名球员的责任——赢得胜利!

当比赛结束的口哨吹响,精疲力竭的伊拉克头号射手尤里斯已泣不成声,然而,这支连队服都不统一的伊拉克人,却用他们顽强的精神，征服了对手，也征服了不同国籍的球迷。胜利的结果如期而至，所有的人都为之雀跃，虽然他们来自世界各地，但是，这一刻，群情汹涌，只为这支值得人敬仰的球队欢呼！

在伊拉克获得胜利的那一刻，解说员说道："他们的幸福弥足珍贵，或许仅仅能维持很短的时间，因为，回去后，他们又要面对满目疮痍的祖国。然而，这场胜利、这座金杯，将会随着时间的流逝在我们的心底沉淀下来，变作永恒。"

伊拉克，一个战火不断，走在路边时不时就有辆汽车爆炸或者流弹袭击的国家；一个球迷冒着生命危险上街庆祝球队进入决赛，结果50个人死于流弹的国家；一个物资匮乏、普通人吃个鸡蛋都不容易的国家；一个球队的成员不会因为他们的身份享有任何特殊的待遇的国家。他们之中，有人曾被萨达姆的儿子投入监狱，主教练萨尔曼也曾经历牢狱之灾，有的球员的亲人被突如其来的炸弹炸成重伤。每当伊拉克的球员在国外比赛时，只要听说国内又发生了爆炸，每个人的心都会悬起来。他们全队一年只有4万美元的经费，如果没有亚足联包下他们的所有费用，这4万美元连路费都不够，更遑论要给球员多少工资了，所以，虽然双塔（吉隆坡著名的购物地）距离伊拉克队下榻的酒店步行只要十来分钟，但是伊队球员却鲜有光顾，他们说，"因为我们没有经济实力去那里"。

伊拉克队巴西籍主帅维埃拉对记者说："我们队没有装备赞助商，所以队员们所穿的球衣都是自己买的。"

但即便如此，在战场上，队员仍给所有亚洲球迷展现了全队一心，众志成城，一定要在亚洲杯冠军奖杯上写下自己国家名字的责任心与决心。

当中国球坛把足球当做敛财工具时，伊拉克的勇士们却用自己的行动告诉了所有人比赛的真正意义：为祖国而战、为荣誉而战！他们就像战场上的战士一样，将胜利当做自己的责任，哪怕前面是刀山火海、哪怕前面有万丈深渊,也一样向前冲,直到完成自己的职责与使命!

是责任激发了他们的潜能,是责任唤醒了他们对祖国的热爱,甚至可以说,是责任帮助他们赢得了这场胜利!这是真正的体育精神,真正的足球精神!他们以自己对足球的责任心、对祖国的责任心,激发出所有的潜能,最终完全成了祖国赋予的使命,赢得了最后的胜利,也赢得了自己的尊严!这就是责任的伟大,这就是责任的力量!

工作其实也是一样,要做好工作,首先要有责任心,没有责任心,工作就没有使命感,就没有把工作做好的内驱力,没有尽善尽美、竭尽全力去工作的愿望,工作当然也不可能做好。而一旦有了责任,就能让我们意识到自己的使命,激发出所有的工作热情,迸发出所有的能量,奉献出所有的智慧,就像伊拉克的球员一样,工作当然可以做到最好。

责任是做好工作的保证。所以,我们要时刻把责任放在肩上,牢记自己的使命,以无限的热情和才能把工作做得更好。

3 伟大的代价就是责任

“伟大的代价,即是责任。”温斯顿·丘吉尔曾如是说,他的这句名言一次又一次被那些为着人类的幸福、美好而奋斗的人们所证实。世界上的伟人们,随着他们一步步走向成功,他们往往需要负起更大的责任,并以他们的勤奋与才智完成各自的使命。

即使是一个普通而平凡的人,也会因为责任,而变得更加崇高而伟大。

2008年5月12日14时28分,一个令所有中国人难忘的日子,一个令所有华夏儿女都为之震惊的日子。一场大地震,袭击了我国四川。受伤的不仅仅是灾区民众,更深深伤害了每一个中国人的心。然而,有一位在灾难来临之际,却有无数无数的普通员工以自己的行动和选择有力地诠释了“责任”的涵义，证明了责任的伟大。谭千秋，这位感动了全中国人民的普通人，这位用生命捍卫了师德尊严的人民教师，就是一位因责任而伟大的英雄模范。

2008年5月12日中午1时50分，51岁的东汽中学老师谭千秋走进高二(1)班上政治课。20多分钟后，教室突然摇晃起来。只一刹那，他就明白了，立刻朝学生大喊：“地震了，快往楼下跑！”

在他的指挥下，学生们沿着楼梯向下跑。这时，突然有学生喊：“教室还有人！”谭千秋急忙转身，看见教室里有4名学生正吓得大哭，手足无措。“不要哭了，”他喊，“快跟着我下楼！”

来不及了！

已经摇晃了一分钟的教学楼突然裂开一条大缝，楼体瞬间裂成两半，裂缝正好在楼梯边，逃生的路断了！谭千秋急忙叫孩子们躲在课桌下。

太惊慌了！

课桌被孩子们挤翻。天花板发出“嘎嘎”声，眼看要砸下来。谭千秋扑了上去……

尘土飞扬！孩子们咳嗽着，继而绝望地大哭，声嘶力竭地呼喊。“不要喊，也不要哭！哭喊只会增添恐怖！”孩子们突然听到谭老师梦呓般的声音，“坚强、坚持，保存体力，等待救援……”

不知过了多久。从绝望和恐惧中渐渐平静下来的女孩刘红丽这才发现，课桌没有倒，水泥板和砖头也没有伤到他们，谭老师用手臂护着他们，但是老师的手被压住了。“我没事，你们一定要坚持！”

余震不断。刘红丽的大腿被一块突然挤过来的尖利物刺破，她惊叫着哭起来。

“伤得严重吗？”谭老师问。

“不是很严重，老师，我怕！”

“不要害怕，只要伤得不严重，就要忍着，冷静，坚持，就有希望！”

谭老师时不时跟学生们说几句话，但是他的声音越来越微弱。男孩田刚这时感到一股热热的、黏黏的液体不知从什么地方流下来，滴在他的脸上。他用手摸了一把，放到鼻子边一嗅，大惊：这是血啊！

“刘红丽，你受伤了吗？怎么有血呢？”田刚问。

“我没流血啊。”刘红丽说。

“付强，你受伤了吗？”田刚问身边的付强。付强也说没有。他猛然意识到，受伤的是谭老师。

“谭老师，你受伤了？”

“我的手臂蹭破了，受了点儿小伤，不要紧。你们要沉住气，保存体力，等待救援！”

其实，谭千秋用身体护住学生的那一刻，右手臂当场就被一块水泥板砸碎，他痛得昏了过去。孩子们的哭喊把他唤醒过来，他强忍剧痛安慰孩了……

但是，血不停地流，他的声音越来越小。孩子们有了不祥的预感。

“我没事，就是有点困，有点渴！”谭老师说，“你们都能坚持，我更得坚持了！”

后来孩子们才知道，困和渴是因为失血过多，身体已接近虚脱。为了不让谭老师睡过去，四名学生每隔一会儿便呼叫“老师”一声。

谭老师回应的声音也渐渐听不到了。孩子们们哭了起来：“老师，你一定要坚持啊！”见老师没有回答，他们便敲击课桌，直到老师发出声音。

外面好像入夜了，越来越冷，还下起了暴雨，孩子们冷得瑟瑟发抖。那些残垣断壁被雨淋后,不停地坍塌、断裂,发出可怕的声响。他们敲了很久课桌,谭老师才出声。

“孩子们,我没事的……”谭老师声音非常微弱。“你们要坚持!记住我的话!如果老师有什么意外,这权当是老师给你们上的最后一课!”

“不会的,老师,你不会有事的!”孩子们哭了。

这时,又一次大的余震发生了。随着一声沉闷的巨响,又一块水泥板砸了下来。孩子们惊慌地哭喊起来。这一次,谭老师没有安慰他们。

“谭老师!谭老师!”孩子们大喊,但再也听不到回答。

此后,4 名孩子手拉着手,相互鼓励,坚持着。

5 月 13 日 22 时 12 分,救援人员在废墟中发现了谭千秋血肉模糊的遗体。“我们发现他的时候,他双臂张开着趴在课桌上,身下死死地护着四个学生,四个学生都活了!”

责任是一种伟大人格的体现,一个人最有魅力的时刻莫过于他承担责任的那一瞬间。责任是一个人品格和能力的承载,是一个人之所以伟大的特质。因为责任,所以伟大!谭老师正是因为牢记着自己作为一个教师的责任,才奋不顾身地用自己的身躯、用自己的生命换回了四个学生的生命,用生命阐释了责任和伟大。

也许你还听说过这样一个故事,同样蕴含着感人的力量:

一天上午,国外一家银行遭到了歹徒抢劫。闻讯赶来的警察很快堵住了罪犯所能选择的一切出口。慌乱中歹徒鸣枪镇住了拼命往外涌去的人群,人们望着急红了眼的歹徒,一时间都陷入了沉寂。随着时间的推移,歹徒变得越来越焦灼,现场气氛紧张得令人窒息。就在这时,人群中传过来一阵由轻微到剧烈的呻吟,人们逡巡的目光最终落在一个孕妇身上。由于受到惊吓,动了胎气,孕妇眼看着要早产了,殷红的血已顺着腿部向下流出,裙子也渐渐地染红。如果不及时将孕妇送往医院,母子的性命便危在旦夕。人群中开始出现了小小的骚动,焦急、愤怒和恐惧在人们脸上呈现……在这时,人们发现歹徒握着枪的手出现了轻微的颤抖,一边是新生命的降临,一边是罪恶行为的终结。所有人仿佛都屏住了呼吸,一片死寂。僵持了一小会儿,歹徒缓缓举起了双手!

这时,人群中响起了一阵掌声。冲进来的警察迅速制服了歹徒,当警察撕下歹徒的面具时,人们发现那张脸充满了复杂的情感。就在人们准备将孕妇送往医院时,传来了一个声音:"等等,来不及了。"人们顺着声音望去,却发现歹徒脸上早已浮现出了诚挚表情。"相信我,我是医生!"押着他的警察默默对视一眼,悄然打开了手铐。几乎在同一时间里,人们背对着背,迅速地围成一个圈……不一会儿,一声响亮的哭声响彻了银行大厅。那一刻的阳光,照亮了所有人的心灵……当警察再一次给"医生"戴上手铐时,人们听到了一句喃喃自语:"我多希望我现在的身份是医生!"

因为责任,一个灵魂堕落的歹徒,重新唤醒了作为一名医生的良知。

责任感是靠近伟大的第一要素。正因为责任的引领,让我们更接近于正义、良知、伟大和崇高。

因为责任,所以崇高,所以伟大。即便是一位最普通的公交司机,在生命的最后一刻,心中想到的依然是对全车人生命的责任,这种责任,让一个最为普通的人变得无比的伟大。

4 承担责任,受到更多青睐

如果说,智慧和勤奋像金子一样珍贵的话,那么,还有一种东西则更为珍贵,那就是勇于负责的态度。古往今来,人们都喜欢勇于负责的人,尤其是职场中,一个员工来不得半点的不负责任。无论你是初入岗位的新人,还是职位卑微的小职员,只要你具有勇于负责的态度,你的能力就能得到充分的发挥,你的潜能就能得到不断的挖掘,你就能最大限度地为公司带来效益,因而你就能得到老板包括同事的更多青睐。

一位老板有很多工厂,每一家工厂门口都会有厂旗和喷绘标语。有一天,老板开车经过某个旧厂时,发现厂旗耷拉在旗杆的半腰,并且缠绕在一起,升不上去也展不开,还有喷绘标语的两只角也掉了下来。

这条路,每天有几十个管理人员开车经过,包括几位高层管理者,有的管理者每天还要经过若干趟。为什么就没有人比我先看到呢?老板很纳闷。

他故意没有叫人来处理,他想看看,公司究竟谁先注意到并愿意来处理。一天过去了,两天过去了,直到半个月过去,也没有人发现,更谈不上处理。难道真的是没有人看见吗?老板明白了:看到的人很多,只是他们要么漠不关心,认为不是自己的事情,要么认为这在旧厂算不上问题,没必要处理。

快一个月时,一位基层的库管员给老板发来一条短信:"董事长,我前天发现一家旧厂门口的厂旗缠在旗杆腰部,标语也掉了两只角。我给一位领导说了,领导却说这不是我们部门的事情,叫我别管。我觉得这有损我们公司形象,虽然是旧厂,但整洁还是必需的,所以向您报告。"

老板等这条短信等得太久了。他问这位库管员:"你是天天从那里经过吗?"

"不是,我很少从那里经过,一个月就一两次吧。"库管员说。

第二天,老板把这位库管员提拔为物资管理部副经理,同时,对那位认为不是自己部门事情的经理给予记大过处分。

这一处理,在公司引起很大非议,包括人力资源部都认为十分不妥,理由如下:第一,这位员工仅仅因为发现旗帜和标语影响公司形象就被提拔为中层干部,对其他员工不公平,因为比他更努力更优秀的员工大有人在;第二,旗帜和标语,属于行政事务部管理,不应该处罚物资管理部经理。

老板坚持了自己的决定,他的解释是:"这位员工偶尔经过旧厂门口,就能够发现旗帜和标语存在问题,并主动报告,我有理由相信,他对企业有一种责任感,这就足以让我信任他。而那些每天经过的人,却没有发现问题,或者发现了却不知道是问题的人,我认为他们心里并没有时时关注公司的利益,没有一种对企业的责任感。至于对物资管理部经理的处罚,我也认为再恰当不过了,作为一名中层管理者,对于公司的事情居然以不是自己部门的责任为由而置之不理,这样不负责任的领导,难道不应当受到处罚吗?"

一个懂得承担责任的人,无论做什么工作,都能出类拔萃,做到最好,因为高度的责任心可以让他抛开一切干扰,专心致志地做好自己的事,为自己的工作负起责任。也只有那些能够勇于承担责任的人,才有可能被赋予更多的使命,才有资格获得更大的荣誉。

一个人在工作中都应当主动承担起自己的责任,认真负责地做事。每一个员工都承担起了属于自己的责任,企业必定会兴盛发达。每一名员工都至关重要,都是公司前进中不可或缺的推动力量。只要你还是某公司中的一员,就应当抛去任何借口,主动承担自己的责任,奉献自己的忠诚。如果你能够将自己的身心彻底融入公司,尽职尽责,把公司当成自己的家,时刻不忘用自己的行动让这个家变得更兴旺、更美丽,那么,任何一个老板都会将你视为公司的支柱。

5　推卸责任,就是丢掉机会

世界上最愚蠢的事情就是推卸责任,因为推卸责任,也就是在扔掉机遇。日常生活中,每个人都难免会出现错误,但是,当问题发生后,有些人为了推卸责任，找出许多借口为自己来辩解，并且说得振振有词，头头是道。“他们不采纳我的建议”、“我是按照公司的要求做的”、“这不能怪我”，等等，其实，这样做并不能把责任推得一干二净。

一个员工与其为自己的失职找理由，倒不如大大方方承认自己的失职，主动承担自己的责任，上司会因为你能勇于承担责任而不责难你；相反，敷衍塞责，推诿责任，找借口为自己开脱，不但不会得到别人的理解，反而会“雪上加霜”，让别人觉得你不但缺乏责任感，而且还缺乏起码的真诚，这样的人怎么会得到信任和重用呢？

有一次，一家公司要开一个大型的客户研讨会，主管这次会议的是负责营销的王经理，在会议开始时，连准备工作都还没做到位，主持台上的麦克风说不到几句话便卡壳，在播放公司的形象宣传片时又听不到声音，开幕式搞得非常糟糕。

王经理知道这事搞砸了，倒是主动找到了老总，可是他不是去承担责任，而是去推卸责任的，他说：“真的对不起，这事是由于小赵没有检查清楚，而我的助手小陈又没有检查出来，这是他们的错，我会处分他们的。”

老总被他的话气得差点吐血，只说了一句话：“王经理，这是他们的错，我要你做什么啊，你是做什么的啊？”

最后，王经理的下场可想而知。这说明了什么呢？出了问题，我们首先应该从自己身上找原因，而不是什么错都是别人的。作为一个领导那就更不能把一切责任都推到下属身上了。

其实，人难免有疏忽的时候，没有谁一切都能做到尽善尽美，这是可以理解的。但是，如何看待已经出现的问题，就能看出一个人是否能够勇于承担责任。很多时候，一个人推卸责任，也一并将自己成功的机会推掉了。

千万不要利用自己的功绩或手中的权力来掩饰错误，从而忘却自己应承担的责任。人们习惯于为自己的过失寻找种种借口，以为这样就可以逃脱惩罚。正确的做法是，承认它们，承担它们，并尽一切的努力弥补过错。这样做,并不会因过错削弱你的能力,因失误降低你的威信,相反,还会因此锻炼出你勇于承担责任的意志和精神,让你更加可信,更加勇敢,从而更加负责。

勇于负责是一种积极进取的精神。当一个人想要实现自己内心的梦想,下定决心改变自己的生活境况和人生境遇时,首先要改变的是自己的思想和认识。要学会从责任的角度人手,对自己所从事的事业保持一个清醒的认识,努力培养自己勇于负责的精神,因为这才是成功的最佳方法。

有一句著名政治家的名言“责任在此,无可推卸”。推卸责任就是纵容错误,推卸责任就是放弃自尊。强者承担责任,弱者逃避责任,推卸责任是弱者的行径,强者总是那些敢于承担责任、绝不推卸责任的人。

20世纪初的一位美国意大利移民曾为人类精神历史写下灿烂光辉的一笔。他叫弗兰克,经过艰苦的积蓄开办了一家小银行。但一次银行抢劫导致了他不平凡的经历。他破了产,储户失支了存款。当他带着妻子和四个儿女从头开始的时候,他决定偿还那笔天文数字般的存款。所有的人都劝他:“你为什么要这样做呢?这件事你是没有责任的。”但他回答:“是的,在法律上也许我没有,但在道义上,我有责任,我应该还钱。”

还钱的代价是39年的艰苦生活,寄出最后一笔“债务”时,他轻叹:“现在我终于无债一身轻了。”他用一生的辛酸和汗水完成了他的责任,而给世界留下了一笔真正的财富。

一个品格端正、心怀壮志的人绝不会是一个推卸责任的人,而是一个将责任根植于内心,时时刻刻想着责任的人,这样的人,一定是生活的强者,是卓越的典范。

6 只有责任能铸就成功

如果说,智慧和勤奋像金子一样珍贵的话,那么,还有一种东西则更为珍贵,那就是勇于负责的精神。有一位伟人曾说:“人生所有的履历都必须排在勇于负责的精神之后。”

尝试着对自己的工作负责,这是一种工作态度的改变,这种改变,会让你重新发现生活的乐趣,工作的美妙。你最终会发现,追求卓越,最大的受益者是自己。

责任心是一个人对自己的所作所为负责,是对他人、集体、社会、国家乃至整个人类社会承担责任和履行义务的自觉态度。这是一个人的决定,它几乎无法学习,别人也无法强迫。如果一个人没有责任心,他即使有再大的能耐也做不出好的成绩来。但是如果一个有责任心的人,即使遇到再复杂的问题,也会想尽一切办法去解决,享受到成功的乐趣。

责任至高无上,一个人无论职务大小、地位高低,不管从事什么工作,只要你还在自己的岗位上,就应该安下心来,认真负责地完成这项工作,任何时候都牢记自己的责任,承担自己的责任,并且尽职尽责尽心尽力地站好自己的那一班岗,一定可以赢得荣誉,获得成功。有很多人总以为自己地位低微,种种成就都不会属于自己,种种荣誉自己也不能享有。但实际上,荣誉和成功青睐每一个认真负责忠诚敬业的人,哪怕是一个清洁工,一个锅炉工,一个邮递员。只要坚守自己的责任,再平凡的岗位和再普通的工作也一样赢得尊重,获得成功。

他仅有初中学历,却自学掌握了大量电力知识,成为高级电力技师;工作近30年间,他解决技术难题52个,为企业挽回经济损失及节约成本1380万元,被工友们称为“电力专家”;他尽职尽责、尽心尽力的工作,他对工作、对企业的高度的责任心,使他多次被评为劳动模范;他培养的徒弟35人成为技师、5人为高级技师,他被大家尊称为“工人教授”,他就是当代工人的典范窦铁成。

1979年,23岁的窦铁成通过考试以优异的成绩考入了中铁一局电务公司,成了一名真正的电力工人。“不就是一个杆子三根线那么简单嘛,当初我想,自己在农村干过电工,有底子,当个铁路电力工人没问题!"可是等他到了工地，才知道，这里不但工作艰苦，而且技术含量要求也很高。窦铁成暗下决心：要做一名有知识、技能强的好工人。

通过潜心学习，1980 年 9 月，窦铁成考取了局电力技术培训班，结业时获得电力单科考试最高分，他成了一名熟练的电力工人。

1983 年，窦铁成和他的工友们承担了国家重点工程京秦铁路沱子头变电所的施工，这是他接触的第一个大型变配电所，各类技术图纸加起来有一寸半厚。在没有配备工程技术人员的情况下，窦铁成自己买来了专业参考书，刻苦钻研，一张张图纸、一条条线、一个个节点地分析解读，研究电缆怎么走，设备如何安装。

1999 年，公司财务部配备上了电脑，这个新生事物让窦铁成感到很好奇，每晚一个人钻到人家办公室里去学。那时他已 40 多岁了，从学拼音、练打字开始，逐渐学会了电脑制图等。

2001 年，在西南铁路电力施工时，遇到变压器环流故障，一名工友向他求助。窦铁成让对方将数据传给他，利用自己所学的知识输入电脑分析，很快找出了症结。"我只有初中文化程度，遇到理论知识再深一点的时候，就感到学习很吃力。但我总想，再难的知识，只要一点点地啃，一点点地琢磨，总能悟出个所以然。"凭着这股犟劲，他先后学完了《高等数学》、《电工学》、《机械制图》等。多年来，单买书籍他就花费了近万元。后来，他成了电务公司中唯一会电脑制图的工人。

由于窦铁成理论知识扎实，1999 年他亲手编写《电力实验手册规范》，组建中铁一局电力中心实验所，并通过了国家认证委认证。2003 年 11 月份，不断进取的窦铁成被评为高级电力技师。2006 年浙赣铁路送电那天，他作为施工方技术代表，坐在广铁集团长沙电力调度中心，发出"远程送电"的指令。

工作近30年间，他提出实施设计变更6次，解决技术难题52个，排除送电运行故障310次，为企业挽回经济损失及节约成本1380万元，被工友们称为“电力专家”。负责安装的铁路变配电所38个，全部一次性验收通过，一次性送电成功，并获得优质工程。

窦铁成不仅自己爱学习，还将自己的知识、技能、经验毫无保留地传授给身边的人。近30年间，窦铁成为企业培训青工、大中专生180人，将知识与技能毫无保留地传授给了300多名工友。

责任是能力的承载，是超越其它任何能力的最强的一种能力。一个没有责任心的人，能力越强，很可能对企业而言就是危险。相反，一个有责任心的人，即便是能力不强，在责任心的驱使下能力也会越变越强。

责任至高无上。责任是一个人品格和能力的承载，是一个人走向成功必不可少的素养，承担责任既是一种崇高的职业道德，也是一种高尚的人格精神。所有成功的人，都是具有高度责任感的人。聪明、才智、学识、机缘等固然是促成一个人成功的必要因素，但缺乏了责任感，只会带来灾难绝不会带来成功。

事实上，只有那些不推卸责任的人，才有可能被赋予更多的使命，才有资格获得更大的荣誉。才能获得真正的成功。一个缺乏责任感的人，或者一个不负责任的人，首先失去的是社会对自己的基本认可，其次失去了别人对自己的信任与尊重，甚至也失去了自身的立命之本——信誉和尊严。

所以，要想成功，要想有所成就，就一定要勇敢地承担起自己的责任，因为只有责任，才能铸就成功。

第五章　勤奋:通向成功的必经之路

勤奋是人类最重要的优秀品格之一。拥有勤奋的品格,哪怕是行动迟缓的蜗牛也能雄踞高高的塔顶;失去了勤奋的精神,就算是天资奇佳的雄鹰也只能空振双翅低处盘旋。成功最重要的不是智慧,不是能力,更不是处心积虑的心机,而是脚踏实地的勤奋和努力!勤奋是成功永远绕不开的必经之路,勤奋是走向成功的不二法门。一勤天下无难事,优秀的员工一定是勤奋的员工。

1 勤奋是成功永远绕不开的必经之路

天下成功者,莫不是因为勤奋努力而得来的,勤奋是走向成功的必备条件。不论你有多么高的天分、多么优越的条件,离开了勤奋,就不可能拥有成功！这是放之四海而皆准的一个公理,古今中外,概莫能外。

古罗马皇帝马可·奥勒留在临终时给罗马人留下了这样一句遗言:"勤奋工作吧!"这也是罗马人征服世界的秘诀之一;中国有古语言"业精于勤荒于嬉";西方也有名言说"天才=1%的灵感+99%的汗水。"北大季羡林教授为成功列过一个公式:成功=天资+勤奋+机遇,他进一步分析说,天资是由天决定的,我们无能为力,机遇是不期而来的,我们也难以把握,只有勤奋这一项完全是由我们自己决定的,我们必须在这一项上狠下工夫。

先哲的名言也许过于抽象,但具体来看古今中外的成功人士,又有哪位不是靠勤奋走向成功的?

著名的数学家华罗庚先生有一句话"勤奋补拙是良训,一分辛苦一分才。"华罗庚先生由于家境贫寒,读完中学后便辍学在家,但他没有忘记学习——他一边在自家杂货店里做生意,一边利用做生意算账的机会自学数学。他就是靠着勤奋,从一个初中毕业生成长为一代数学家、数学大师的。

因为勤奋,安徒生从一个鞋匠的儿子成为了一名著名的童话家;因为勤奋,巴尔扎克给人类留下了宝贵的文学遗产《人间喜剧》;还是因为勤奋,爱迪生拥有了1000多项伟大发明,爱因斯坦创立了震惊世界的相对论。

中国古人也给我们留下了晋代名士孙敬头悬梁、战国苏秦锥刺股、西汉匡衡凿壁偷光的千古美谈。爱因斯坦曾经说过:"在天才和勤奋之间,我毫不迟疑地选择勤奋,他几乎是世界上一切成就的催生婆。”高尔基也曾说过这么一句话:“天才出于勤奋”。

一份耕耘,一份收获。只有辛勤的劳动,才会有丰硕的成果,不劳而获的事情从来就是不存在的。古今中外的成功者,有哪一个不是经过勤奋刻苦的努力,才取得成功呢?

唐代大诗人白居易刻苦学习,废寝忘食,以至于口舌生疮,手肘成胝,15岁时就写下了著名的《赋得古原草送别》。著名画家、篆刻家齐白石,在初学篆刻时,挑了一担础石回家刻苦练习,刻了又磨,磨了又刻。最后,一担础石都被磨成了泥浆,齐白石的手艺也练成了。毛泽东主席的印章,就是齐白石篆刻的。大文豪鲁迅,在别人夸他是天才后,说:“我哪里是什么天才,我不过是把别人喝咖啡的时间都用在工作上了。”鲁迅直到去世的前一天,还在写作。为后人留下了上千万字的精神财富。

战国时期纵横家苏秦在没有许多学问时就去劝说六国君主联合起来一起攻打秦国。他卖了大部分家产,买了华丽的衣服。去游说,但六国君主不听他的话。他回家后刻苦读书,头悬梁,锥刺骨。后来又重返六国,当上了六国宰相。

勤奋是产生天才的根本条件,勤奋是走向成功的必备前提。不勤奋,不努力,没有人会取得成功。对于一名普通的员工,勤奋更是成功永远绕不开的必经之路。

在山西焦煤集团西山煤矿总公司,有这样一位专家,不仅能在机器上划线,还经常挽起袖子排除故障,既为企业直接节支创效上千万元,还使企业间接增收上亿元。而且,他不仅从未索取任何回报,还拒绝了许多单位的高薪聘请,至今仍然默默奉献在西山煤矿的地层深处。他就是“中华技能大奖”获得者、被称作“煤机神医”的西山煤矿总公司官地矿采掘机电管理组组长栗俊平。

栗俊平的“神”在于他以初中毕业的学历,对矿上各种进口、国产采煤机工作原理了如指掌，各种故障手到病除。几年中，他平均每年排除采煤机大小故障98次，抢修成功率100%，赢得开机时间870小时，多产原煤17万吨。据统计，每排除一次故障，可直接节约资金7.5万元，加上延长设备使用寿命、节约设备更新费用带来的效益，价值当以数亿元计。

初中毕业的栗俊平，如果仅做到“药到病除”，最多只能算个土专家。但是，他是一个有心人，把经手排除的故障作为“病例”编成了书，赢得了业内公认。如今，《栗俊平采机故障排除法》、《采煤机操作与抢修》已成为西山煤矿总公司的职工培训教材。

人们都说栗俊平“神”，但这“神”并不是天生的，而是来自千百次的锤炼。

1978年，栗俊平坐着马车从山西忻州来到官地矿，当上了一名矿工。次年，他成为一名采煤机司机。当时，矿上引进的法国采煤机组由于设计、操作等原因，时常停机“罢工”。一到这时，工友们总会对栗俊平抱怨：“你只会开采煤机，处理不了故障算什么好司机。”

为了当工友眼中的好司机，栗俊平开始下决心掌握采煤机的工作原理与维修技术。然而，当把技术资料拿回来时，连26个英文字母都认不全的栗俊平，更别说读懂那些像天书一样的各种符号了。

学习没有捷径，栗俊平把工余时间全部投入到了学习上，每天只睡五六个小时，从基础知识开始补课。在设备出现故障时，别人升井回家，他留在井里看技术人员维修。就这样，栗俊平先后自学了《液压传动》、《机械基础》《采机自动化基础》等8门课程，记下了10多万字的读书笔记。逐渐地，他对矿上各种采煤机的工作原理与技术性能烂熟于心，对各种故障判断得心应手，成了矿上有名的采煤机“技术大拿”。

2001年4月23日，综采二队反映采煤机左滚筒只降不升、右滚筒不升不降无法工作,当班工人换了10多个液压锁,问题还是没能解决。栗俊平下井后分析,出现这种故障有3种可能:液压锁控制油路密封失效、调高泵管路泄漏、调高泵密封失效。经检查后两处没有问题,打开液压锁后发现活塞密封圈由于选择型号不对而损坏,更换后设备工作正常。

栗俊平解决问题准而快,但只有他自己知道,多少次遇到此类问题,他动了多少脑筋、花了多少时间,才换来如今快速而准确的维修效果。甚至,他还总结了65种常见故障及排除办法,供同行们借鉴。

栗俊平成了"煤机神医",但他并不满足。他想,与其手到病除地及时抢修,不如加强管理让设备少出故障。栗俊平总结出了一套采煤机管理办法,实施后故障率从20%降到了3%左右。

勤奋是走向成功的必备条件。在现实生活当中,有许多人所掌握的知识远远多于栗俊平,多于许多成功的企业家,但却正是由于没有能像他们那样勤勤恳恳、扎扎实实地工作,没能把自己的才能和潜力发挥出来,所以也就没能取得像他们那样的成功。

古罗马人有两座圣殿:一座是勤奋的圣殿,另一座是荣誉的圣殿。他们在安排座位时有一个秩序,就是必须经过前者,才能达到后者。那些试图绕过勤奋,寻找荣誉的人,总是被排斥在荣誉的殿堂之外,因为勤奋是荣誉永远无法绕过的一条路,是通向成功的必经之路。

所以,不管我们现在从事什么样的职业,不管我们站在哪一个岗位,应该牢记的是:勤奋是通向成功的必经之路,无论是谁,都无法绕过。

2　一勤天下无难事

一位哲人说:"世界上能登上金字塔顶的生物只有两种:一种是鹰,一种是蜗牛。不管是天资奇佳的鹰,还是资质平庸的蜗牛,能登上塔尖,极目四望，俯视万里，都离不开两个字——勤奋。”

而对于人类而言，能获得成功的只有一种人——勤奋的人。一勤天下无难事，只要勤奋努力，最后的成功一定会属于你。

隋朝时期的李密，少年时候被派在隋炀帝的宫廷里当侍卫，他生性灵活，由于在值班的时候左顾右盼，被隋炀帝发现，认为这孩子不大老实，就免了他的差使。李密并不懊丧，回家以后，立志发愤读书，决定做个有学问的人。每天奋读诗书，一次，李密骑牛出门看朋友，在路上，他把《汉书》挂在牛角上，抓紧时间读书。牛角挂书一事便被传为佳话。

中国著名的农业学家王祯，他走便了南北方的17个省区，经过十几年时间，编成了巨著《农书》，书刚问世不久，王祯就去世了。《农书》的规模宏大，范围广博。全书共37卷，大约13万字，插图300多幅。其中包括《农桑通诀》、《百谷谱》和《农器图谱》三大部分，既有总论，又有分论，图文并茂，系统分明，体例完整。是他的勤奋成就了他的巨著。

勤奋努力并最终登上成功的峰顶的人数不甚数，比如匡衡凿壁偷光，车胤囊荧映雪，孙敬头悬梁，苏秦锥刺骨，孔子韦编三绝，李白故事铁杵磨成针，王羲之吃墨，这些都是我们所耳熟能详的勤奋故事，昭示的不过是“一勤天下无难事”的这个真理。

勤能补拙，勤能弥弱，勤能助智，勤能补一切不足，能战胜一切困难，能弥补所有缺陷，能驱除所有障碍。

由于命运的不公，巴雷尼很小就因病患了残疾，母亲每天陪他练习走路，做体操，常常累得满头大汗。面对病魔他以勤奋经受住了命运给他的严酷打击。他勤奋刻苦学习、钻研，最后，以优异的成绩考进了维也纳大学医学院，并在大学毕业后，以全部精力致力于耳科神经学的研究，终于登上了诺贝尔生理学和医学奖的领奖台。

张海迪，面对高位瘫痪依然勤学不辍，自强著书，实现了人生的理想;霍金,遭受帕金森症折磨,浑身上下仅剩下两根手指能动,却一刻也没有停下向宇宙探索的脚步,黑洞理论和宇宙爆炸以及关于时间的精奥见解,使人类向宇宙探索的路更加宽阔;贝多芬,双耳失聪,却凭借自己的努力和勤奋成为人类历史让最伟大的音乐家之一……只要有勤奋努力的精神,什么样的困难和障碍都不能阻挡我们走向成功的脚步!

天资并不能决定一个人的成就。许多的聪明人都曾为一个问题而困惑不解:明明自己比他人更有能力、天分更高,为什么成就却远远落后于他人?关键的关键还是:勤奋。

当一个人视自己的事业如自己的生命一般神圣,当一个人把勤奋努力作为人生的座右铭,当一个人把自己的全部精力都投入到某一工作中去,但又有什么做不成功的事情呢?

1988年,刚刚毕业离开校门的邓建军只有19岁,他踏进了"黑牡丹"的前身——常州第二色织厂成为一名普通工人。此时的常州纺织业不再是昔日辉煌的龙头企业,面对的市场竞争挑战极其严峻,企业的很多上世纪50年代的设备正在市场的大浪淘沙下迅速落伍淘汰。

对于刚毕业的邓建军而言,跨进这家正在用"黑牡丹"牛仔布打开国际市场的国企,他在感到一种巨大挑战的同时,更多的是觉察到了机遇悄悄走来的气息。他庆幸自己赶上了企业升级换代的新契机,坚信自己可以一展抱负。于是邓建军辞去了原本安排在科室工作的职务,主动要求到一线上岗,同时也坚定了自己要在企业一线寻找用武之地、展示聪明才智的决心。

所谓"三人行,必有我师",他虚心向自己的师傅请教,向负责机械维修的师傅们学习,在实践中努力复合自己,朝着"精一、会二、学三"的目标迈进。机器不出现故障,他也还是一有时间就到车间去学习,熟悉织造工艺的流程,掌握各种机械基本原理……日复一日,他逐步掌握了厂里各种机器的机电故障,对各种复杂电气的基本线路都熟记于心。厂里的那些挡车工再叫他修车时，邓建军已经能手到擒来了。曾经被人称作“小邓”或者“建军”的他也被人改口称为“邓师傅”了。从普通的新技工到有经验的师傅，就是这样一个下笨工夫的过程，是一步一个脚印的成长，是勤勤恳恳的付出。

在工作中他逐渐意识到专业知识的重要性，而自己的专业出身又不够硬，于是邓建军除了自己在平时的工作中积累心得以外，还不断地啃书学习，从书本中给自己的头脑充电。他给自己制订了强制性的学习计划，规定自己每天晚上必须看一个半小时的技术书籍和有关资料才能休息。平时他还利用网络搜集英文方面的资料，从中获取与电气、机械、纺织专业有关的各种信息；同时他特别注意针对自己的企业需要广泛搜集与进口设备有关的资料，以便自己跟踪了解国际上纺织机械电气自动化技术的最新动态和进程。

一点一滴的获取，一天一天的积累，邓建军实践着“铁杵磨成针”的勤奋信条，先后自考了本科、自学了200多册针对企业需要的专业书，这个过程中又因为看资料的需要而自学了英语和德语。有了专业和语言的扎实根基，他领衔攻克了长期困扰牛仔布行业的染色色差控制难题，成功地利用染料组分控制系统有效地控制了颜色的差异度，而这一成果是国内首创、国际领先的。

就是这样一位普普通通的一般技术型人才，在岁月的见证下成长为不断发展自己、不断在一线主动寻找课题的工人式专家。

一份耕耘一份收获，有努力就有回报。毛泽东说过“世上无难事，只要肯登攀。”任何人，哪怕天分再低，只要勤奋努力了都会有所成就，有时成就甚至连自己也吃惊。

客观的任何原因都是可以克服的，最主要的原因还在于我们的心里，在于我们对梦想追求的热情和对工作所持的态度,在于我们勤奋努力的工夫,刻苦用心的程度。只有勤奋,只要努力梦想就一定会实现,成功也就不再遥远。

3 勤奋努力永不过时

在一些人眼里,勤奋是一种过时的东西。他们认为在现代社会需要的是头脑和机遇,只要两者兼备便可以轻松成功。这种认识显然是错误的,因为无论在任何时候做任何工作,勤奋都是成功不可或缺的必备条件。

汽车大王福特说:"如果你们说一个人很有前途,那我必须质问一句:他努力工作吗?"他的意思就是只有一个勤奋的人才真正有前途。

要想在这个时代脱颖而出,你就必须付出比以往任何时代更多的勤奋和努力,拥有积极进取、奋发向上的决心,否则你只能由平凡转为平庸,最后变成一个毫无价值和没有出路的人。

离开了勤奋努力的精神,再天资聪明的人也不会成功。

一个人的进取与成才,环境、机遇、天赋、学识等外部因素固然重要,但更重要的是依赖于自身的勤奋与努力。缺少勤奋的精神,哪怕是天资奇佳的雄鹰也只能空振双翅;有了勤奋的精神,哪怕是行动迟缓的蜗牛也能雄踞塔顶。成功不单纯靠能力和智慧,更要靠每一个参与者的忠诚、敬业和勤奋。只有坚持不懈地付出努力,才是取得成功的不二法门。在文艺界、在体育界、在商界、在政界……这都是永恒的真理!

大家都知道刘德华,论唱歌他没有张学友那动人的歌喉,比电影他没有梁朝伟那精湛的演技,但是,他却用最美的精神感召力征服了亿万的歌迷和影迷,那就是他的勤奋。

17岁的刘德华刚步入娱乐圈时,他只能算做是浩瀚大海中的一滴水,寂寞夜空中的一颗星,平凡而普通。从演小配角开始,摸爬滚打,对于一个没有背景、没有靠山的人而言,除了勤奋，别无选择。

刘德华开始学唱歌时，是一片倒彩声；在尝试写歌词时，前辈断言他文理不通，应该先去中文系学几年再说；即使唱红之后，依然有电台老板评论他根本不懂唱歌，也没有唱歌的天分。别人花一个小时能做成的事，他需花三个小时才能做成。然而，通过坚忍不拔的执著和努力，这个“笨小孩”最终成为香港“四大天王”和“十大杰出青年”之一。直到现在，他的歌依然唱得火红，演电影也是一流水平，是演艺圈里不可多得的“常青树”。

刘德华自己说，他最大的特点就是勤奋，下的工夫比别人多三倍，才能和别人一样。但世上勤奋的人并不只有刘德华，为什么他能成功而别人不能成功？除了他的天赋、运气之外，最重要的就是勤奋。刘德华是娱乐圈里著名的“劳模”，有“劳模刘铁人”之称，还有一个“刘十二”的外号，因为他一年拍了十二部电影。到现在为止，他已经拍摄完成电影130多部，上世纪90年代，他曾连续3年蝉联香港最受欢迎男歌手奖，巅峰时其一张大碟中有3首歌打入年度劲歌金曲十大，创下香港乐坛史上绝无仅有的惊人纪录；曾4度摘取香港乐坛四台联颁传媒大奖，5度获封香港最受欢迎男歌手，7度荣获亚太区最受欢迎男歌手，至今这3项纪录仍无人能破；在2001年他以101部电影、292个奖、近200场演唱会、2000万张唱片销量进入吉尼斯世界纪录。

作为一个成功的艺人，刘德华不管在什么年代总能拥有大批的歌迷。时世变迁、人事沉浮，刘德华在娱乐圈也是几次的沉浮，但是无论面临怎样的处境，刘德华依旧保持着他的最佳笑容，总不会让大家失望，他的歌曲也总是蕴含了慰藉人心的力量。而他的财富，几乎和他的绯闻一样少之又少，然而这么多年的一线打拼，让他足以富甲一方。和他的演艺之路一样，他的财富都是点滴的积累。这中间没有大起大落一夜暴富，也没有一丝的投机取巧，他游走于艺人与商人之间，有的是坚持与努力。他的个人财富不断攀升，同样阐述着一个颠扑不破的真理：勤奋注定成功!

直到现在,成就斐然的刘德华依然还在勤奋地工作,他自己说:我知道我年纪大了,有点过时了,但我认为自己还有存在的价值,所以我不会轻言放弃,而是继续走自己的路,使自己老有所为。

只有勤奋是通向成功的必经之路。那些成功者,那些做出了惊天动地大事的伟人,那些成就卓越的人,都有一个共同的特点,那就是勤奋。从来没有一次成功是不需经过勤奋努力奋斗而得来的,从来没有一个成功者是散漫懒惰的。

勤奋不仅是一种对待工作的态度,而且也是一种对自己负责任的表现。要想在这个人才辈出的时代里走出一条完美的职业轨迹,惟有依靠勤奋工作的精神去激励自己不断地进取,才能够实现人生的梦想。

在今天这个充满机遇和挑战的社会里,要想让自己抓住机遇脱颖而出,就必须要求自己付出比其他人更多的勤奋和努力,积极进取,奋发向上,才能够达成愿望。在平凡岗位上辛勤工作的人是如此,在领导岗位上的人更是如此。

勤奋努力与时代、与行业、与岗位都没有太大的关系,勤奋努力的工作精神更不会过时,到现在,甚至到将来,勤奋仍将会是最被看重的职业精神。

越在当今激烈竞争的时代,越是先进的、高尖的技术行业,越需要这种敬业勤奋的精神。

4 懒散和懈怠是最危险的恶习

勤奋可以给个人和民族创造辉煌,在世界历史上留下痕迹的事情都是勤奋的结果。懒惰能给个人和民族带来毁灭,它从来没有给世界历史留下好的声音。

懒惰历来都是受人诟病遭人唾弃的行为。比如大家都知道的一个懒人的故事,历朝历代都被当成懒人的标本,警示着后人。

懒人和他的妈妈住一起,什么都要靠妈妈,衣来伸手饭来张口有一次妈妈要出门,非常担心懒人的生活,于是烙了一张非常大的饼。她把饼挂在懒人的脖子上,让懒人饿的时候吃,嘱咐之后稍感安心的出了门。妈妈回来的时候,懒人已经饿死了,饼还挂在脖子上——除了低下头能够得着的那半个圈,其他地方的饼没有动过。因为他懒得转动一下饼。

这只是一个笑话。小时候我们听见后都会大笑,觉得非常不可思议。而更不可思议的是,世上还真就有这样宁愿饿死也懒得去吃的人!《大河报》就曾报道,一位正值青春年少的23岁青年居然因为懒得做饭而在家活活饿死,"天下第一懒人"居然由"笑话版"升级成了"现实版",不禁让人怀疑是不是那位不想转动饼来吃的老兄附了体,想起来都令人毛骨悚然。

2009年12月,河南省罗山县朱堂乡保安村一个23岁神志正常的小伙子,居然活活饿死在自己家里。

来到罗山县朱堂乡保安村。"还真没见过那么懒的孩子。"杨锁的堂哥杨德玉指着一片已经倒塌的房子说,"这就是杨锁饿死之前住的地方,他是我们堂兄弟8个当中长得最英俊、最聪明的,也是最懒的。

"2009年12月,下了几天大雪,我估摸着杨锁好几顿没吃饭了,就提着饭、拿着被子到他家去,结果发现他全身僵硬,已经断气了。"

杨锁死后,村里人议论纷纷:"这孩子就是被父母给娇惯的,长这么大什么也不会。""真没见过这样懒的孩子,宁愿饿死、冻死,也不干活。"村里人说,杨锁的父母对他十分疼爱,为了把儿子永远留住,专门给孩子起名叫杨锁。

"杨锁8岁时,父母出门时还把他用担子挑着,不让他走路。"杨德玉说。"杨锁其实挺聪明的,可他根本不学,也不做作业。我们只要严厉一点,杨锁就告诉他的父母,他父母第二天就会找到学校。"杨锁上小学时的任课老师说。

“杨锁有时也试着干活，他父母看见后就说，你到一边玩儿吧，别累着了。”村里人说。杨锁13岁那年，父亲因为肝病去世。杨锁的母亲仍然宠着杨锁，一点农活也不让他干。到后来，杨锁的母亲身体越来越不好，不得不叫杨锁去干活时，杨锁根本不干，一不高兴就打母亲。杨锁每天无所事事，他母亲承担着一切农活和家务，结果积劳成疾。杨锁18岁那年，他母亲因病去世。

母亲去世后，杨锁便搬到堂哥杨德玉那里生活。杨德玉在镇上一个建筑队干活，就让杨锁跟着一起去干活。“他到了地方后，说太热了，说什么也不肯干，就自己跑回家了。”“村里人把他介绍到县城酒店去当服务员，他去了之后什么都不干，还让别人伺候他，最后被送回来了。”65岁的杨德安老人说。母亲去世没多久，杨锁便卖光了家里所有值钱的东西，最后就到村里各家讨饭吃。“他从来不洗衣服，穿脏了就扔掉，再换一件。村里人给他的肉、菜，他都挂在屋檐上，一直放臭也不做来吃。”82岁的高正英老人说。“吃到一顿饱饭后，他就一直睡，有时能睡一两天。饿到不行的时候，他再出门讨饭吃。”村民们说。天冷的时候，杨锁连大便都懒得出门，方便后在堂屋地下刨个坑用土一盖就完事了。为了取暖，杨锁把家里能烧的东西都顺手烧了，连床也被他烧了。

可以肯定的是，这是极为极端的故事；这样的例子只能算是孤例，这样的懒人也确实是百年甚至千年难遇的“奇人”。但在我们的生活中，懒惰和勤奋一样，从来就没有消失过。

许多企业员工不热爱本职工作，因为他们对工作没有兴趣，在工作中懒散而懈怠。

许多职工都有这样一种想法：工作太单调、琐细了，或是我的工作没有什么前途……在各种借口和抱怨之下，他们便开始懈怠工作。一旦懈怠进入你的工作，你的工作兴趣便迅速被吞噬。用不了多久，你便无法对工作产生兴趣，没有兴趣则没有热忱和进取心。于是，他们应付、懈怠工作，最后形成了懒惰的恶习。

懒散和懈怠是对生命的挥霍。在许多组织里,有很多成员把懈怠工作当成寻常小事。如果把工作情景摄录下来,你就会惊讶地发现,懈怠正在不知不觉地消耗着我们的生命。其实,懈怠是人的惰性在作怪,每当自己准备专心工作时,就会找出一些可以安慰自己的借口。相反员工能在瞬间果断地战胜惰性,把全部精力用在工作上,积极主动地面对挑战;而另一些平庸的人,却无法定夺,在惰性的"泥潭"里不知所措。

实际上,一旦形成懒惰的恶习,就会消磨人的意志,使你对自己越来越失去信心,怀疑自己的毅力,怀疑自已的目标,甚至会使自己的性格变得犹豫不决。

其实,谁都无法否认,人都是有惰性的,只是每个人"惰"的程度不同而已,关键是我们要去有意识地规避惰性,去激发自己的积极性,养成勤奋努力的好习惯。如果你这样做了,成功应该不远。

有一位靠慈善机构救助的失业青年写信告诉成功学家卡耐基先生,他说自己曾经多次求职,均遭失败,他希望卡耐基先生告诉他解决的办法。

于是,卡耐基先生来到了贫民区,找到了这位青年。他发现这位青年对事业有着强烈的欲望,却难以战胜多年来养成的懒惰习惯,不能够勤奋的工作,才陷于困境之中。

卡耐基先生对他说:"你总是想做一番事业,但是当你真的面对一份工作的时候,又不肯勤奋努力。其实,一个人如果不能抵挡懒惰的诱惑,便不会有一个勤奋的开始。失去了勤奋,一个人也只有在困境之中自甘堕落,挥霍自己的青春。"

这位青年说:"我很想改变自己的这个毛病,但我没有想出战胜它的办法。"

卡耐基说:"给自己制定一个短期目标,找一份工作,每天咬紧牙关要求自己从一点一滴的小事做起,认认真真地干好每一天的工作。并且,养成每天把自己的私人房间都收拾得干干净净、清清爽爽的习惯,勤奋的意识便会慢慢渗入你的脑海之中。"

这位青年听从了卡耐基的忠告,不再接受慈善机构的救助,开始寻找工作,自己养活自己。他走到大街上,发现许多公司的牌匾上面落了很厚的灰尘,却无人擦拭。便抱着试试看的心理,找到一家公司的主管,对他们说:“牌匾脏了会影响公司的形象,我可以将贵公司门前的牌匾擦拭干净,而且工钱很便宜。公司的主管欣然接受了他的建议。他便花了几个小时将公司门前的那块牌匾擦拭得焕然一新。公司的主管很高兴,给了他工钱之后,还对他说,希望他今后能继续提供这种服务。

受这件事的启发,这位青年用这次擦拭牌匾赚来的钱印了传单,买来了需要的清洁用品,为所有需要清洁牌匾的公司提供服务。他的这项服务推出后,立刻受到社会各界的欢迎,一时间,订单像雪片一样飞来,他立刻全身心地投入自己的工作之中。

后来,这位青年在此基础上成立了一家专门清洁牌匾和粉刷楼房外墙的公司。每天,他都要求自己和工人们在一起干活。结果,由于服务周到、信誉良好,他的财源滚滚。

要勤奋,不可懒惰。勤奋工作既是一种能力和克己的训练,也是成功的唯一途径。所以要有意识、有意志地让自己拒绝懒散,克制懈怠和萎靡不振,勤奋努力,刻苦用心,才能实现自己的理想,才能把自己的事业带入成功的轨道。

5　每天多做一点点

“每天多做一点点”,这话常能够听到,但是真正明白其道者,并不多见。因为这不仅需要勤奋的品格,更需要持之以恒的精神。

在职场成功学中,“做”与“成”相互依存,无做便无成,少做即少成,多做即多成。通俗的讲,即“只要耕耘,就会有收获。”一个成功人士曾今讲述了自己是如何走上富裕道路的。

“50 年前,我开始踏入社会谋生,在一家商店找到了一份工作，每天才挣70美分。有一天，一位顾客买了一大批货物，有铲子、盘子、水桶、箩筐，等等。这位顾客过几天就要结婚了，提前购买一些生活和劳动用具是当地的一种习俗。货物堆放在独轮推车上，装了满满一车，骡子拉起来也要有些吃力。送货并非我的职责，而是完全处于我的自愿——我以为自己能运送如此沉重的货物而感到自豪。

“一开始一切都很顺利，但是车轮一不小心陷进了一个不深不浅的泥潭里，使尽吃奶的劲儿都推不动。一位心地善良的商人架着运货马车经过，用他的马托起我的独轮车和货物，并且帮我将货物送到顾客家里。在向顾客交付货物时，我仔细清点货物的数目，一直到很晚才艰难地推着空车返回商店。我为自己的所作所为感到高兴。但是，老板却没有因我的额外工作而称赞我。

“第二天，那位商人将我叫去，告诉我说，他发现我工作十分努力，责任心很高。甚至注意到我卸货时清点物品数的细心和专注。因此，他愿意为我提供一份年薪5000美元的职位。我接受了这份工作，并且从此走上了致富之路。”

每天多做一点点，意味着什么呢？意味着改变自己——一件事情会影响一个人的命运，几件事情会改变一个人的一生。只要你每天多做一点点，每一天都是一个阶梯，都是新的一步——向着既定的目标。换句话说，只有不断地追求才有不断地进步。只有不断地行动，才有不断定的成就。每天多做一点点，日积月累，作为普通员工的你也会达上成功的阶梯，摘取满意的成果。

有位成功人上说过：“努力或许不一定让一个人成功，但持续不断的努力，一定会使人成功。”持续不断地努力，锲而不舍的韧劲，每天多做一点点的精神，是一把走进成功大门的钥匙。世界上没有一种东西可以替代坚韧的意志和锲而不舍的精神 。

詹姆斯·贝内特立志要办一家属于自己的报纸。可1825

年在他经营《纽约信使报》时遭到了挫折，1830年他的《环球》又宣告破产，此后不久《宾夕法尼亚人》又没有成功。失败像是他的死对头，总是接二连三地不邀而至，而他却痴心不改，虽然在人们心目中，此时他还只是新闻界一个聪明多产的记者。

在14年的辛苦劳动和勤俭节约之后，他大约积攒了几百美元。1835年，他找到贺拉斯·格里利，希望能够和他合作创办一份新的日报《纽约先驱报》。贺拉新·格里利拒绝了这个建议，但是给他推荐了两名年轻的印刷工，这两个人和贝内特组成了合作伙伴。

1835年5月6日，《纽约先驱报》正式创办，当时它所有的资本仅能支付10天的花费。贝内特在华尔街租借了一间狭小的地下室，在里面摆了一把椅子，在两个圆桶上面架一块厚木板，就成了一张简陋的办公桌。除了印刷之外，他们在这里做所有的工作，就此开始了这份在美国新闻史上有着巨大影响的日报的创办历程。

当时，这样一种报纸的形式在美国还不为人知，属于首开先河，因为在此之前的报纸都是属于某个机构的。慢慢地，这些年轻人站稳了脚跟，开始一步一步地朝着理想迈进，他们的事业日益兴旺发达。他们的报纸以报道速度的迅速及时、报道内容的全面丰富以及新颖独特的视角，而开始广为人知。与同行的竞争者相比，无论是新闻报道的广度和深度，还是新闻采集的速度和方式，他们都要更胜一筹。为了获得能够引起大众兴趣的、及时可靠的信息，他们往往是不遗余力，不惜花费巨资。

正如任何事业在开创之初总是困难重重、历经波折一样，《纽约先驱报》的起步之路也是坎坷崎岖，但是，随着矗立在纽约百老汇与安街交汇处的那幢当时最为壮观威严的新闻办公大楼的落成，《纽约先驱报》也宣告了它在报界不可撼动的地位。

2004年诺贝尔和平奖获得者旺加里·马塔伊说："体现差别的并非

大事,而是我们每天取得的小小进步。”《礼记·大学》中说:“苟日新,日日新,又日新。”老子在《道德经》中又说:“合抱之木,生于毫末;九层之台,起于垒土;千里之行,始于足下。”这些充满智慧的箴言都说明了一个道理:任何成功都需要一点一点地开始积累。量变积累到一定程度就会发生质变.所以,不要幻想自己能突然脱胎换骨,要知道,从平凡到优秀再到卓越,并不是一件突然的事,也不见得有多么神奇,你需要做的就是:每天多做一点点。

每天多走访一条街、每天多给客户打一个电话、每天总结一条经验、每天多开发一个客户、每天的销量增加1%……只要在各项工作中每天多做一点点并长期坚持,那么有一天领导就会惊奇地发现,在不知不觉中你的各项业绩已经鹤立鸡群,在考核表中你的各项指标已经遥遥领先。如果一个人在同事中具备了承担更多责任的能力,并拥有遥遥领先的业绩,那么升职加薪离他还会远吗?无论你是一位刚刚就职的业务员,还是一位营销老总,都应该坚持到底、永不放弃,哪怕只是每天多做一点点。因为只要这样一切都会由量变转化成质变,只要这样,你就会从容的迈向成功的彼岸。每天多做一点点,使每一个今天充实而又饱满。每天多做一点点,终将使你一生厚重而充实。

有时候,我们明明知道应该做什么,却没有坚持下去的力量。道理每个人都懂,但是很少有人将这些道理付诸行动,而成功的人往往就是那些将这些道理变成行动的人。

每天多做一点点,是聪明人的选择;每天少做一点点,是投机者的把戏。前者是主动掌握成功,后者利用成功;前者为长久的人生之路,后者为短暂的机会偶遇。孰优孰劣,读者自有明眼!

第六章　服从:没有借口更加优秀

“军人以服从命令为天职”,这是军人的首要品格。商场如战场,员工也要以服从为第一。因为服从才能执行,才能保证所有的指令、计划和决策不折不扣地完成。所以,优秀的员工一定要培养自己服从的品格,以服从为天职,不找任何借口,坚决服从,并完美执行。

1 员工也要以服从为天职

服从，在西点人的观念中是一种准则。“服从可以赢得绝对胜利”，正是西点的独特校训。在西点军校，即使是立场最自由的旁观者，都相信一个观念，那就是“不管叫你做什么都照做不误”，这样的观念就是服从的观念。西点人认为，军人职业必须以服从为第一要义，学不会服从，不养成服从观念，就不能在军队中立足。

服从，就是指个体按照社会或群体的要求，或他人的意志而做出的行为。主要包括服从社会规范，服从组织原则，服从团体利益，服从最终决议，服从领导指令。企业虽然不是军队，但企业却同样需要服从。在企业中，如果企业里面思想不统一，每个人都有自己的想法，这就像很多马拉的马车，没有统一的指挥，每匹马都有自己的方向，车原地不动，或者在倒退。这就需要有赶车的人，统一群马的方向，群马也要服从指挥，马车才能前进，也才能体现群马的价值。因此，服从对企业、对员工具有重大的意义。

商场如战场，员工如同士兵。每一位员工都必须服从上级的安排，就如同每一个军人都必须服从上司的指挥一样，因为只有服从才是胜利的保证。一个国家、一支军队，或是一个企业、一个部门，其成败很大程度上就取决于是否完美地贯彻了“服从第一”的理念。所以，作为一个员工，作为企业的一员，也要培养“以服从为天职”的精神，树立“服从第一”的理念。

作为企业的一分子，每一个员工都是企业内部经济运行环节的一个重要部位，指令如同血流，你必须遵照指示做事以确保企业流程正常循环运转。服从意味着你必须暂时放弃个人的异议，约束自己去适应所属机构的价值观念。在学习服从的过程中，你就更深地融入了企业这个大家庭中，对企业的战略方针、价值观念、运作方式有了更透彻的理解。在激烈的市场竞争中,公司要保持战斗力,必须有很强的贯彻执行战略能力。

当然,并不是所有上司的指令都正确,上司也会犯错误。但是,企业是一个高度分工的组织,一个优秀的员工也必须有服从意识。因为上司的地位、责任使他有权发号施令;同时上司的权威、整体的利益,不允许部属抗令而行。一个团队,如果下属不能无条件地服从上司的命令,那么在达成共同目标时,则可能产生障碍;反之,则能发挥出超强的执行能力,使团队胜人一筹。

毕业于西点军校的沃尔玛创始人沃尔顿经常说:"没有服从就没有执行,团队运作的前提条件就是服从。我们要的不是和领导作对的员工,而是服从领导决策,第一时间完成任务的员工。"沃尔玛公司的"无条件服从"是每一位员工都必须奉行的行为准则,员工对上司指派的任务都必须无条件地服从,而不是去寻找借口逃避,哪怕是看起来非常合理的借口。

每个员工在进入一家新的公司后,就必须从零开始,然后要给自己一个定位,明确自己的职责,服从公司分配给你的任务,然后才有勤奋努力、执行创新以及做出效益,优秀的员工永远不会忘记,服从是天职,任何时候,服从第一。

2　没有任何借口地服从

真正的服从应该是无条件地服从,应该是没有任何借口地服从,只有这样才能产生惊人的力量。

"没有任何借口"体现的是一种负责、敬业的精神,一种服从、诚实的态度,是一种成熟的人生心态,一种完美的执行能力。准时、守纪、严格、正直、刚毅,在一些管理学专家看来,这正是21世纪企业管理所必备的。所以"没有任何借口"也成了众多著名企业奉为圭臬的理念和价值观。找借口,就是把自己需要承担的责任转嫁给社会或他人;找借口是对所做事情的拖延和放弃;借口会使人疏于努力,不再是想方设法争取成功,而是把大量的时间和精力放在如何寻找一个更合适的借口上；借口也会让我们失去别人甚至是自己的信任，所以服从拒绝借口。

马丁应当在上午11点之前完成一份重要的报表，以便能让部门经理有足够的时间熟悉这份材料，并以此为依据在第二天的公司部门经理例会上发言。可是直到下午3点半，马丁才拿着报表敲响了经理办公室的门。“怎么搞的，马丁，上午11点的时候你就应该在这儿了，怎么现在才来？这样的效率怎么行？”经理满脸的不高兴。马丁两手一摊，一副无可奈何的表情：“我也没办法，上午11点的时候资料部门的那帮人刚把处理好的数据交给我，都是他们的错。”不得已，经理只好争分夺秒地弥补时间上的损失，花了大半夜的时间熟悉材料，才使得第二天的会议没出什么大差错。马丁的一个借口不仅把自己的责任推得一干二净，还给别人带来了许多不必要的麻烦。

不要给自己任何的借口和推卸责任的理由，上司要的是结果，而不是你再三的解释原因。也许你会说“不是所有上司的指令都是正确的，上司也会犯错误”。当然了，任何人都可能犯错误，但是，一个高效的企业一定要有良好的服从观念，一个优秀的职员也应该有服从意识。如果一个下属不能无条件地服从上司的命令，这样的团队必将走向失败；反之，则能产生强大的执行能力，取得巨大的成功。

“没有借口”是成为所有企业追求完美的最有力保障，它强调的是每一位员工都应该对自己的职业行为准则奉行不渝并坚决执行，而不是为没有遵守行为准则去寻找任何借口，哪怕看似合理的借口。

“没有任何借口”在众多知名企业中得到了大力推广，它对提高企业业绩无疑是一剂强心剂。对每个员工来说，如果贯彻这个理念，工作上无疑会取得很大的突破。更重要的是，他能够获得一种全新的工作理念，从而走向自己职业生涯的顶点。

但是，服从不是盲从。“服从”与“盲从”虽一字之差，意义却大相径庭。服从是无条件地执行，不找任何借口，快速认真地依从上级指令完成任务。盲从,是对上级的指示、决定,在不理解其意图的情况下一味附和、一概听从、一律执行的盲目行为。正确的服从,应是客观分析之后的主见和行动,也是一种尊重、修养、责任,是在不带个人偏见的情况下,敢于坚持原则,敢于提出自己的主张和意见,积极思考,努力想办法,以最有效、最快捷的方式完成工作,而不是死板、机械地服从命令。

公司招聘会上,一个考官模样的人走进来,对等待应聘的人说:"请大家将这个大厅的面积、高度用最快的时间计算出来,第一位最接近正确答案的人,就将成为我们招聘的人。"说完,他还为应聘者们拿来一些尺、规、计算器之类的计量工具,甚至还有一把梯子。

大家都争先恐后地抢拿自己要用工具,甚至有的还一起搭伙,测量的测量,计算的计算,每个人都忙得不亦乐乎。只有小林没有动,他静静地想了一会便起身离开了大厅。大厅里的每个人都用尽了浑身解数,但无奈尺子太短、梯子不够高,要算出精确的结果,真是难上加难。

几分钟后,小林回来了,敲开了主考官的门,将"计算"出的结果告诉他。主考官大吃一惊:"这么快你就有答案了?"

小林一脸从容地笑着说:"我只是去了一趟公司工程部。我想他们在进行大厅装修和施工的时候一定测量过,且都是最确切的数据。"

主考官很是满意他的回答:"恭喜你,你被我们正式录用了。"

有的时候,人们常被外在的假象所迷惑,尤其是接受上司安排的任务时,习惯了盲目服从,从不花费时间仔细思考,走了不少弯路,最终也不一定达成预定目标。

《孙子兵法》有云:"将在外,君命有所不受。"这不止是怕有人假传圣旨,还有最重要的一点就是不接受远在千里之外,对战局毫不了解之人的命令,哪怕他是自己的国君,哪怕他非常的英明。员工和军人一样,服从命令是天职，但这种服从最忌讳的就是盲从。不盲目服从是每一位员工的责任，是对自己的忠诚，也是对企业的忠诚。

3 服从是为了执行

服从是为了执行。服从是执行的前提，没有服从就没有执行，没有心甘情愿的服从，就不可能有坚决有力的执行。有一个众所周知的故事说明了服从是执行的前提和基础，没有服从就不可能有很好的执行。

春秋时期，有个伟大的军事家名叫孙武。有一天他去见吴王阖闾，吴王问他能不能训练女兵，孙武说："可以。"于是，吴王便安排了100多名宫女给他。

孙武把宫女编成两队，任命吴王最宠爱的两个妃子为队长，然后将一些基本的动作教给她们，并告诫她们要服从军令，不可违抗。不料孙武开始发令时，宫女们觉得好玩，一个个都笑了起来。孙武以为是自己的话没说清楚，于是又重复了一遍，等第二次再发令，宫女们还是只顾嬉笑。这次孙武生气了，他下令把队长拖出去斩首，理由是队长领导无方。

吴王听说要斩自己的爱妃，急忙向他求情。但是，孙武说："君王既然已经把她们交给我来训练，我就必须依照军队的规定来管理她们，任何人违反了军令都该受到严惩，这是没有例外的。"结果，孙武还是把队长给杀了。

宫女们见他说到做到，一个个吓得脸色发白。第三次发令，没有一个宫女敢再嬉笑了。

服从是执行的基础，毫无疑问，一个高效的企业必须有良好的服从观念，一个优秀的员工也必须有服从意识，服从也是员工日后取得成就的必备条件。

服从的下一步就是立即执行，不折不扣地把工作任务落实到位。在竞争白热化的商业社会中,执行力是左右企业成败的重要力量,也是区分企业平庸与优秀的重要标志,更是企业取胜的关键。我们看到满街的咖啡店,唯有星巴克一枝独秀;同样是做个人计算机,唯有戴尔独占鳌头;都是做超市,唯有沃尔玛雄居世界零售业榜首。道理何在?就在于是否有执行力!

中国电子信息百强企业之首、世界第四大白色家电制造商海尔集团,已相继进入家电、厨卫、医药、通讯、电子、电脑等十多个行业和领域,成为中国企业界真正的航母,其品牌早已从家电品牌走向泛化品牌,从产品品牌转向了品牌产品。那么,维持如此庞大的企业高效运转的机理是什么呢?那就是海尔的执行力。海尔强大的执行力,其足以支撑起海尔在各个激烈的竞争市场上获得足够的先机。正是超强的执行力,使海尔的高层决策能够快速地毫不走样地贯彻落实到基层,落实到每个生产销售环节,落实到每个员工的工作之中。"迅速反应,马上行动"就是海尔作风的真实写照。有效的执行必须建立在绝对服从的基础上,没有服从就没有行动的方向,就没有工作的落脚点和着力点,就没有执行的迅捷和高效,所谓执行力,就是一纸空谈。

海尔总裁张瑞敏,是一个非常有战略眼光的人,他一直认为,要保证由众多大型公司组织起来的集团公司正常运作,就必须建立一种有严格纪律要求的计划和行动,统一面对市场,步调一致,协调有序,规模经营,发挥集团的强大作用,才能取得市场上压倒性的优势,赢取企业经营效益最大化。因此,对集体事业感的培养,服从意识的建立,忠诚品质的修为,一切行动听指挥,绝对服从,积极主动、心悦诚服地服从,是海尔高效执行力的有力保障。

每个到过海尔文化中心的人,都会看到一张发黄的稿纸,也许有人会为上面的内容感到可笑,"不许在车间大小便",这样的条款赫然在列,怎么看也不像一个企业的规章制度。但这就是有名的13条款，是张瑞敏上任海尔后，颁布的第一个管理规章。那是1984年，张瑞敏刚刚到电冰箱厂上任，迎接他的，是一个濒临倒闭的小厂，产品质量粗糙，滞销积压，资金匮乏，无法周转，长久发不出工资，管理混乱，人心涣散，迟到旷工、打架斗殴都是家常便饭，甚至在车间抽烟喝酒、随地大小便等恶劣现象比比皆是、随处可见，明目张胆地偷窃厂里财物，没有什么东西是不可以拿回家的。一年内三任厂长都未能在此立足，有的知难而退，有的被工人赶走。这就是当时厂里的整体情况，这就是当时员工的整体素质。面对这样一个烂摊子，张瑞敏没有畏惧，没有退却。他上任伊始，就做出了一个出乎人们意料，又在情理之中的举措，他从朋友那里借来几万元钱，为每位员工发了一个月的工资，解决了员工生活的燃眉之急，使员工们深感意外的同时，也深受感动。于是他们开始相信这个带头人，因为他能够为他们着想，有能力，办实事，让他们仿佛看到了希望的曙光。解决了员工的生活之忧，稳定住员工的情绪，张瑞敏根据他独特的思维和经营理念，结合当时社会发展形势、企业的状况，以及员工们迫切希望企业走出困境、谋求发展的心理，及时制定规章制度，开始严格按照规章制度管理工厂。第一个规章制度就是上面提到的13条，其中包括严禁盗窃工厂财物、严禁打架斗殴、严禁在车间大小便等等一系列现在看来是一个企业起码应该做到的常识，而在当时又确确实实严重存在的问题，从制度上开始根除这种种劣习。

实施这些制度，张瑞敏并没有采取强硬死板的执行措施。由于这13条，都紧紧扣住了员工的道德底线，都是起码的常识要求，并非高不可攀，所以一经推出，就让员工感到确实不应该违背，否则从道德和良心上也说不过去，这就为制度的执行打下了坚实基础。在这个基础上，张瑞敏没有让13条停留在纸上，而是逐步顺理成章地落实在行动上，他抓住每一个违反制度的典型,并不是急于处理,而是发动大家认真讨论,挖掘出这种行为深层次的思想根源,让员工深刻认识到其危害性,从内心深处认真反省,从而养成自觉遵守的习惯。同时,张瑞敏引导员工把这种认识上升到更高理念的层次,层层推进,以这种理念为依据,制定更加严格的制度,使制度逐步得到提升,并积淀为一种文化。在这种文化的指引下,海尔加强了制度的建设,使得海尔制度建设越来越完善,越来越严格,文化的积累越来越厚重,整个团队思想越来越统一,行动越来越迅捷和一致,形成了如今强大的执行力。纵观海尔整个企业的运作,每一个方面都有这种文化的强大渗透和影响,每一个方面都有严格的奖惩制度作为支撑,一切行动听指挥,有令必行,言必信,行必果,形成了颇具特色的"制度与文化有机结合"的海尔模式。

海尔的成功,就是因为他的强大的执行力。企业的运转靠的就是执行,企业就是一个执行的团队。对企业而言,丧失了服从和执行的意识是致命的。企业的团队水平主要体现团队的执行力,团队执行力分解到个人就是执行。好的执行团队是"全心全意、立即行动",不折不扣地去执行。不能做到这一点,就不可能有好的执行,团队就不可能有好的执行力,就不是好的团队。每一个员工的执行力,决定着企业的团队是否是一个好的团队,决定着团队执行的结果,也就决定着企业的成败和未来。没有执行力的企业是不可能赢得竞争的。

优秀的执行力——全心全意立即行动,从不阳奉阴违,或者拖拖拉拉。而执行最怕的恰恰就是拖拖拉拉。在各级组织中,总有一些成员对工作拖拖拉拉,习惯了马马虎虎,习惯了得过且过,不能将好的思想落实到具体执行的时间表上,导致好的思路和策略形成空谈。这样是绝对不利于执行的。

提高执行力是每个员工的责任和义务,是忠诚敬业的具体表现。乐于服从,坚决执行,主动工作,奋发上进,绝不找任何理由拒绝或拖延执行,对自己要求严格,不用别人来强迫或督促,无论做任何事情,都全力以赴，尽职尽责；这样的员工当然就是优秀的员工，就是企业最好的员工，也是最容易成功的人。

4 抛弃借口，执行更有效率

在美国卡托尔公司的新员工录用通知单上印有这样一句话，“最优秀的员工是像恺撒一样拒绝任何借口的英雄！”世上没有什么是不用费劲就可以自然做成的，假如你想找一百个借口，那么就能找一百个甚至比一百个还要多的借口，这样，你表面上得到了安慰，但你将一事无成！

有一次，恺撒率领他的军队渡海作战，登岸后他决意不给自己的军队留任何退路。他要他的将士们知道，这次作战的结果，不是战胜就是战死，所以就在将士们的面前，把所有的船只都烧毁了。没有任何借口，恺撒的军队大胜而归。

没有借口，不找借口，抛弃借口，执行会更彻底更有效率。

有些人往往有这样的借口——“我干不了这个！”所以常导致这种错误：在进行着一件重要的工作时，往往预留两条退路。但是当一个士兵知道虽然战争极其激烈但仍有一线退却之门为他而开时，他大概是不会拼尽他的全部力量的。只有在一切后退的希望都没有了的时候，一支军队才肯用一种决死的精神拼战到底。这正是恺撒的英明之处。

拒绝借口，就是要断绝一切后路，倾注全部的心血于你的事业中，抱定任何阻碍都不能使你向后转的决心——这样的精神是最宝贵的。“在遇到阻碍打击时，因为缺乏坚忍力而向后转”，将造成千万个放弃战斗的人的墓碑。

而一个人在拒绝任何借口倾注他的全部心血于一个生命的大目标时，在把他生命的火箭义无反顾地直飞向他的事业时，他能产生出一种伟大的力量来，这种力量简直是谁也不能阻挡的。

西点军校的莱瑞·杜瑞松上校在第一次赴外地服役的时

候,有一天连长派他到营部去,交代给他7件任务:要去见一些人,要请示上级一些事,还有些东西要申请,包括地图和醋酸盐(当时醋酸盐严重缺货)。杜瑞松下定决心把7件任务都完成,虽然他并没有把握要怎么去做。果然事情并不顺利,问题就出在醋酸盐上。他滔滔不绝地向负责补给的中士说明理由,希望他能从仅有的存货中拨出一点。杜瑞松一直缠着他,到最后不知道是被杜瑞松说服了,相信醋酸盐确实有重要的用途,还是再没有其他办法能够摆脱杜瑞松了,中士终于给了他一些醋酸盐。

杜瑞松回去向连长复命的时候,连长并没有多说话,但是很显然他有些意外,因为要在短时间里完成7件任务确实非常不容易。或者换句话说,即使杜瑞松不能完成任务,也是可以找到借口的。但是杜瑞松根本就没有想到去找借口,反而使他把任务完成得更加出色。

事实上,一个人做不好一件事情,完不成一项任务,有成千上万条借口在那儿响应你、声援你、支持你,如果你想找借口抱怨、推诿、迁怒、愤世嫉俗都是最好的解脱。借口就是一块敷衍别人、原谅自己的"挡箭牌",就是一台掩饰弱点、推卸责任的"万能器"。抛弃借口、不找借口找方法的员工往往更能出出色地完成任务。

几年前,张杰还是一家建筑材料公司的业务员。当时公司最大的问题是如何讨账。公司产品不错,销路也不错,但产品销出去后,总是无法及时收到款。

有一位客户,买了公司10万元产品,但总是以各种理由迟迟不肯付款,公司派了三批人去讨账,都没能拿到货款。当时他刚到公司上班不久,就和另外一位姓张的员工一起,被派去讨账。他们软磨硬泡,想尽了办法,最后,客户终于同意给钱,叫他们过两天来拿。

两天后他们赶去,对方给了一张10万元的现金支票。

他们高高兴兴地拿着支票到银行取钱,结果却被告知,账上只有99000元，很明显，对方又耍了个花招，他们给的是一张无法兑现的支票。第二天就要放春节假了，如果不及时拿到钱，不知又要拖延多久。

遇到这种情况，一般人可能一筹莫展了，但是张杰突然灵机一动，拿出1000元，让同去的小张存到客户公司的账户里去。这一来，账户里就有了10万元。他立即将支票兑了现。

当他带着这10万元回到公司时，董事长对他大加赞赏。之后，他在公司不断发展，5年之后当上了公司的副总经理，后来又当上了总经理。

作为企业员工，必须学会很好地执行。既要埋头拉车，也要抬头看路。既要灵活理解上级决策，又要在工作中灵活执行。不要拘泥于领导决策而死板执行，而要创新上级决策而开拓执行，不为困难找借口，只为问题找方法，执行的目的只有一个，那就是高效执行更快更好地完成工作和创造效益。工作中遇到实际的突发的困难在所难免，但是执行意识能让我们产生超常的构思，提出不同凡响的新思想、新观点，最后顺利而且有效地解决问题。

执行不需要任何借口，任何借口都会影响执行的结果，抛开借口，执行将更有效率。

第七章　主动:平庸和卓越的分水岭

任何时候,主动积极的品格都是受人推崇和赞赏的。积极主动是所有老板最欣赏的品格,是企业对员工的终极期望。有着积极主动品格的员工自动自发,主动自觉,做事从来不需要老板交待,他们主动找事做,而不是等事做,他们把任何事情都做到完美,做到出色。

1 主动积极是企业的终极期望

每一位老板心中都对员工有一种最强烈的期望，那就是：不要只做我告诉你的事，而要积极主动地去做需要你做的事。运用你的判断和努力，为公司的利益、成功，去做需要做的事。对于这一点每个员工都应该知道，不过，很少员工清楚地明白过。

主动的精神是员工最重要的职业精神和职业品格。优秀的员工无论从事哪种工作，他们都不需要任何人的管理和监控，就会自动自发地完成任务。可以说，自动自发是职业精神中一个不可或缺的子集，这是优秀员工在实际工作中一个非常突出的特征，也是企业、老板对员工的终极期望。

任何企业，都需要那些主动寻求任务、主动完成任务、主动创造财富的员工。主动就是随时随地准备把握机会，展现超乎他人要求的工作表现，以及拥有“为了完成任务，必要时不惜打破成规”的智慧和判断力。

一个优秀的人士，无论分内分外，都当成是自己的事，都尽心尽责地去做。而且是主动积极地去做，不必等到老板吩咐就去做。这样的人，理所当然会比其他的人有更多的成功机会，更大的回报，更容易成功。

1997年，福特公司60%的杂志广告是针对男性做的，10%是针对女性做的。福特公司的一名广告策划副经理罗斯·罗伯特通过对市场的深入调查发现，在汽车市场，女性购买者占65%，因此1997年中期便将60%的广告目标投向女性。当董事会意识到女性市场的重要性时，董事们惊喜地发现，罗伯特已经着手解决此事了。由于他把事情做在前面，为福特汽车占领女性市场赢得了巨大的先机，不久便被董事会提升为部门经理。

老板偏爱主动积极的员工。罗斯·罗伯特就是这样一个人，他不仅善于去发现契机，更重要的是他能在别人行动之前就抓住契机。倘若他也是一个对老板亦步亦趋的人，不主动去做市场调查，不果断地把广告投向女性，他也许会在他原先的岗位上庸庸碌碌地一直待下去。

其实，工作是一个包涵诸如智慧、热情、信仰、积极主动、专注、想象和创造力的词汇。全力以赴和积极主动的人，他们总在工作中付出双倍甚至更多的智慧、热情、信仰、想象和创造力，而失败者、消极被动的人，却将这些深深地埋藏起来，他们有的只是逃避、指责和抱怨。

工作需要努力和勤奋，工作更需要一种积极主动、自动自发的精神。只有以这样的态度对待工作，我们才可能获得工作所给予的更多奖赏和回报。

如果想登上成功之梯的最高阶，你得永远保持主动率先的精神，纵使面对缺乏挑战或毫无乐趣的工作，终能最后获得回报。当你养成这种自动自发的习惯时，你就有可能成为领导者。那些位高权重的人是因为他们以积极主动行动证明了自己的能力和品格，证明了自己堪当大任，值得信赖。

率先主动是成功者的特质，是忠诚敬业的员工的特质。

如果你想登上成功之梯的最高阶，就要永远保持主动、率先的精神去面对你的工作。即使你面对的是毫无挑战和毫无生趣的工作，如果能够做到自动自发、主动工作，最后终能获得回报，因为这种精神就是企业的终极期望。

2　自觉自愿，自动自发

一位积极主动、自动自发的员工表现应该是这样的：无论老板在不在，他都会一如既往地努力工作。因为他知道，工作并不是做给老板看的，尽管许多人一直这样认为，并且趁老板不在的时候不知不觉松懈下来。

美国钢铁大王卡内基曾经说过:“有两种人永远都会一事无成:一种是除非别人要他去做,否则绝不主动做事的人;另一种则是即使别人要他做,也做不好事情的人。那些不需要别人催促,就会主动去做应做的事,而且不会半途而废的人必将成功,这种人懂得要求自己多付出一点点,而且比别人预期的还要多。”

主动是一种自动自发、自觉自愿的行动,是不需要人要求,更不用人监督的自发行为。一般来说,老板不会明确要求员工主动工作,但你应该牢牢记住企业对你的“终极期望”——老板是聘你来为公司的最大利益工作的,因此,无论老板在不在,你都应当提醒自己主动工作,自动自发地做好每一件事情。

李洁在一家大型建筑公司任设计师,常常要跑工地,看现场,还要为不同的老板修改工程细节,异常辛苦,但她仍主动地去做,毫无怨言。

虽然她是设计部唯一一名女性,但她从不因此逃避强体力的工作。该爬楼梯就爬它个25层,该到野外就勇往直前,该去地下车库也是二话不说。她从不感到委屈,反而挺自豪。

有一次,老板安排她为一名客户做一个可行性的设计方案,时间只有3天。这是一件原本难以做好的事情。接到任务后,李洁看完现场,就开始工作了。3天时间里,她都在一种异常兴奋的状态下度过。她食不甘味,寝不安枕,满脑子都想着如何把这个方案弄好。她到处查资料,虚心向别人请教。

3天后,她带着布满血丝的眼睛把设计方案交给了老板,得到了老板的肯定。因做事积极主动、工作认真,现在李洁已经成为公司的红人。老板不但提升了她,还将她的薪水翻了3倍。

后来,老板告诉她:“我知道给你的时间很紧,但我们必须尽快把设计方案做出来。如果当初你不主动去完成这个工作,我可能会把你辞掉。你表现得非常出色,我最欣赏你这种工作认真、积极主动的人!”

作为公司的员工,老板不在的时候,也是容易放松自己的时候。可是,勤奋工作应该是发自内心的,你的任何业绩都是自己努力的结果,你不能仅仅是做出样子来给老板看,老板要的是实际业绩和工作效果。

如果只有在别人注意下才有好表现,那不是真正的自动自发,充其量是自欺。如果我们对自己的要求比老板对我们的要求更高,那么这样的人永远不会被老板解雇,也永远不用担心报偿。

任何一个企业都迫切地需要那些能够自动自发做事的员工。具有自动自发精神的员工往往不是等待别人安排工作,而是主动去了解自己应该做什么,做好计划,然后全力以赴地去完成。而不是把问题留到上司检查的时候再去做。

3 不只做老板交待的事

不是听一句做一句,而是主动积极;不只做老板交待的工作,而是做需要做的任何工作;永远主动找事做,而非等事做,这是平庸员工和优秀员工的重要区别。

成功的人很早就明白,什么事情都要自己主动争取,并且要为自己的行为负责。没有人能保证你成功,只有你自己;也没有人能阻挠你成功,只有你自己。

李万钧是微软历史上最年轻的中层经理,很多人都不明白,初出茅庐、毫无工作经验的他凭什么仅仅入职微软两年就被提拔为中层经理,一般人奋斗七八年才能胜任的位置?更让人嫉妒的是,2002年,因在上海技术中心出色的工作表现,他被调任美国总部高级财务分析师。那么,他究竟凭什么“一路飙升”无阻?

1998年,22岁的大学毕业生李万钧应聘为微软技术支持中心的一名网络工程师,年纪轻轻,极具上进心,在工作上也表现得相当成熟、稳重,尤其在维护公司利益方面有着自己独特的建议和有效的方式:善于从企业利益出发,为企业考虑,积极主动去做有利于公司的事情。

刚刚入职两个月,李万钧就发现公司考核用的报表系统有很多小毛病:考核“成绩单”每月月底才送呈经理那里,经理不能及时调配和督促员工,员工也不能有效地受到督促和提高;与此同时,以目前的状况,一旦业务量突增或有员工请假,对于刚刚发展的上海技术支持中心来说,很多工作就可能被耽误甚至造成大的损失、被客户投诉。

于是,李万钧利用周末休息的时间用 ASP(微软服务器上的一种脚本)写了一个具有他所期望的报表小程序,写好后经过运行,检验,觉得这个程序确实简单而且实用。他主动找到时任微软大陆区上海总经理的唐骏,并展示了这个小程序。

唐骏看到了这个小程序的价值,随即鼓励李万钧继续进行完善,并亲自与他探讨自己希望看到的数据和信息。一个月后,李万钧利用业余时间做的报表系统取代了从微软总部照搬的 Excel 报表,在上海内部网页上投入了使用。

实际上,李万钧设计的报表不仅取得了预期的激励员工的效果,每月新增加的报表功能,使得这套系统的应用范围不断扩大,半年后在微软欧洲公司也得到了应用。

由于在报表系统创新上的出色表现,加上其在工作上的优异成绩,李万钧主动积极、勤奋努力的品格和从管理者角度思考问题的潜在品质被总经理唐骏所看中,在 2000 年被提升为中层经理,负责组建亚洲现场支持部,成为微软历史上最年轻的中层经理。

截至 2001 年,微软亚太技术支持中心已快速壮大为拥有技术工程师 600 余人,李万钧又意识到技术中心的规模越大财务分析就越重要,再次主动提出了自己的想法,向上级申请技术中心需要建立一个财务分析小团队,以便对整个亚洲地区的技术支持业务的成本控制、财务预算等方面进行分析。李万钧的想法得到了总裁的支持,并随即被任命为亚洲地区业务分析经理。2002年6月,赴任微软中国区总裁向总部推荐李万钧到微软总部做高级财务分析的工作,进过考察和审核,李万钧成为整个团队中最年轻的成员。

考察一下那些成功人士和得到老板赏识的员工,那些"打工皇帝"、那些"高级CEO",甚至那些晋升很快、业绩突出的员工,无一不是主动、自发、认认真真、兢兢业业的人。他们很早就明白,什么事情都要自己主动争取,而不是被动地等待。

张燕是老总的秘书,老总高兴的时候夸两句,不高兴的时候挨骂也是必然的。所以作为老总身边的工作人员要时时刻刻注意将事情安排周密。拿一个小事来说,有一次张燕陪同老总去谈客户,请示要不要把合同带上,老总说只是初次见面签合同还早着呢。带了也没用。张燕一想也对,但是离开办公室的最后一秒钟。她还是把事先准备好的合同和所有可能用到的资料装进了文件夹。席间,客户不停地问这问那,甚至提及了打款事宜,看苗头很有意愿。老总在心里一个劲儿后悔没带文件合同,这时张燕微笑着从包里取出文件资料让客户更明细地了解公司产品,客户看了很满意。张燕又不失时机追问一句:"陈总,如果您对我们公司的一切都还满意的话,今天我们就可以签订合同,这样您还可以享受我们最后一天的优惠价格,而且像您这样的客户我们一定也会让您享受周到的售后服务。"经过一番言语交错,客户同意签合同。这时张燕从文件夹中把合同书拿出来端放在客户面前,客户大笔一挥签下了两份合同书。

事后,老总开玩笑地说:"小张啊,你可不是个听话的员工啊。不过你这种不听话应该作为案例在全公司提倡,哈哈哈……从下个月起,要财务部给你加三成薪水。"

老板喜欢具有主动率先精神的员工，欣赏自动自发的职员，这已经是一个不争的事实了。自动自发是员工极为珍贵的品质，它促使一个人去做他应该做的事，而不是接到老板的吩咐后，以一种被动的状态，不得已才去做。在他们的眼中，工作不再是苦差事，而是能够带给自己乐趣，能够实现自己的梦想，能让自己满怀激情，能让自己走向成功的事情。

4 主动去做别人不愿做的事

在我们的周围，有些工作是每个人都不想做的“讨厌的工作”，大家对这样的“苦差事”都持唯恐避之不及的态度。在这种情况下，如果你主动去做这些没有人愿意做的工作会如何呢？

显然这是你展露才能、勇气和责任心的大好机会。有时候，即使你有这一份心，也未必有这样的差事让你做。所以，碰到这样自我表现的机会时，绝不要有一丝一毫的勉强，要心存感激才对。当然，这样做需要有相应的心理准备。因为这一类的工作，大都是非常辛苦而且吃力不讨好的，即使你付出了全部的心力，也不一定能达到效果。即便如此，你还是应该勇气百倍地主动去做。

事实上，这一类工作往往比那些表面看起来华丽动人的工作，更能激发人的斗志及潜藏的乐趣。能够从这样的工作中找到乐趣的人，大多是能够得到老板赏识的人。他们即使心中不满表面上也从不抱怨，仍然默默地做事，而且并不在乎别人怎么看怎么说，甚至对什么时候才能得到他人的认同，也不多说。因为他们坚信只要付出肯定会有回报，而且付出与回报是成正比的。如果你唯恐自己吃亏而跟着大家一起推卸，那就等于是自己把机会往外推。

普通办事员杜晓静在谈到她破例被派往国外公司考察时说：“我和我的三个同事虽然同样都是研究生毕业，但我们的待遇并不相同，他们职高一级，薪金高出很多。我没有因为待遇不如人就心生不满,仍是认真做事,而且那些他们不愿做的事,我都会抢着去做。当许多人抱着多做多错、不做不错的心态时,我尽心尽力每一项工作,甚至会积极主动地找事做,了解主管有什么需要协助的地方,事先帮主管做好准备。因为在我上班报到的前夕,父亲就告诫我三句话:'遇到一位好老板,要忠心为他工作;假设第一份工作就有很好的薪水,那你的运气很好,要感恩惜福;万一薪水不理想,就要懂得跟在老板身边学功夫。'"我将这三句话牢牢地记在心里,自己始终秉持这个原则做事。但一个人的努力,别人是会看在眼里的。在后来挑选出国考察学习人员时,我是唯一一个资历浅、级别低的办事员。这在公司里是极为少见的。"

不需要老板交代的人,将会获得更多奖赏。如果只有在老板注意时才有好的表现,那么你永远无法将事情做好。如果你对自己的期望比老板对你的期许更高。那么你就无须担心会失去工作。同样,如果你能达到自己设定的最高标准,那么升迁晋级也将指日可待。

优秀的员工以自动自发为本分,任何时候都不用老板催促,任何事情都做到前面,主动去做别人不愿意做的"苦差事",从来不怕"吃亏",这样的员工,自然能得到企业的重视,得到老板的青睐,从而得到提升,让自己走向成功。

5 主动"补位",从优秀到卓越

要到位,不要越位,随时补位,这是足球比赛的规则。准确地说,这项规则只规定了不准越位,到不到位则是一种战术安排,甚至是锋线队员的战术意识。

优秀的员工把职场当赛场,以赢取企业的最大利益为己任,把事情做到位,从不越位,却时时记得补位。

首先是要到位。公司的员工都有自己明确的工作范围和职责范围，你首先必须保证工作到位，做好自己的本职工作。同时，责任边界总是会有空白的地方，同事之间、上下级之间在责任边界上会经常存在模糊地带。这个时候，往往需要自己积极主动，多承担一些责任，不能有责任的盲区。这是对到位的基本要求。

一般的规则要求是要到位，不要越位。不要越位是说公司的有些事情牵涉到管理权限，如果没有上级的授权，超越了管理权限，会导致权责不清。无论如何，应该由你负责的事情，就一定要管住管好；不该你管的事情，则要根据实际情况，主动配合主管人员把事情处理好。特别是当老板不在的时候，更要以公司利益为重，从维护公司利益的目的出发，从拓展公司业务的角度出发，把相关的工作做好。

但是，不越位不等于不补位。在一个企业中，因为事务繁忙，总有人员出现空缺的时候，即使人才济济，管理者在分配任务的时候，也可能在某个细节上出现漏洞。这时，更需要有责任心的员工及时查漏补缺，及时补位，这样才能防患于未然，及时、有效地挽回工作中的一些小缺点，小漏洞，做到尽善尽美。

历任微软副总裁和Google中国区总裁等职的李开复，初入职场时，曾经在苹果公司担任技术工程师。有一段时间，公司经营状况极为不佳，员工士气也比较低落，如果不立刻找到突破口，只会使问题越来越严重。

这些问题本应该由市场部来解决，并不在李开复的工作范围之内。但是李开复却认为作为苹果公司的一分子，应该主动帮助公司去解决问题，这些没有人做的事自己就应当把这件事做起来。

他时刻琢磨这事，积极地为公司出谋划策，帮助公司渡过难关。一天，他发现苹果公司有许多很好的多媒体技术，可是因为没有用户界面设计领域的专家介入，这些技术无法形成简便、易用的软件产品。想到这，他非常兴奋："这不正是一个问题的突破口吗?”

找到这个关键因素,他立即写了一份题为《如何通过互动式多媒体再现苹果昔日辉煌》的报告。苹果公司副总裁看过报告后,一致决定采纳李开复的意见,而且非常赞赏他的做法,很快他被提升为媒体部门的总监。结果,苹果公司平安地渡过了这次危机。

多年后,李开复遇到了一位当年在苹果公司的上司,上司感慨地对他说:“如果不是那份报告,公司就很可能错过了在多媒体方面的发展机会,今天,苹果公司的数字音乐可以领先市场,也有你那份报告的功劳啊!”

这位微软中国前总裁还说:“不要再只是被动地等待别人告诉你应该做什么,而是应该主动地去了解自己要做什么,并且规划它们,然后全力以赴地去完成。想想在今天世界上最成功的那些人,有几个是唯唯诺诺、等人吩咐的人?对待工作,你需要以一个母亲对孩子般那样的责任心和爱心全力投入、不断努力。果真如此,便没有什么目标是不能达到的。”

每个公司都会出现一些无人负责的事情,这时就需要员工有一种补位意识,特别是在责任出现交叉的时候,更要以公司利益为重,从维护公司利益出发,从拓展公司业务出发,把相关工作做好。多做一些事情,做的事情越多,你的地位越重要,掌握的个人资源和工作资源也就越多,情形对自己就越有利。

在一次项目完工的剪彩仪式上,有一家建材公司邀请了总部五位高层领导前来剪彩,当五位领导被请上台后,项目经理发现台下还有一位相当级别的老领导也来了,于是硬把这位领导拉上台,让他也一道剪彩。下面的员工看在眼里,急在心里,差一把剪子呀,眼看就要出洋相了。

说时迟,那时快,只见业务员小陈迅速地从大衣口袋里拿出一把剪子递了上去,一字排开,六位领导喜气洋洋地剪完了彩。所有的人皆大欢喜。一位老员工在小惊之后,顿生敬佩之情,随即问小陈："你怎么知道还会叫一个人上去?"

"如果老总再叫一个,我这边口袋还装着一把呢。""你小子,还真行。"

事后,小陈因为做事细致稳妥,很快就被提拔为总经理办公室助理。事业发展上也有了更多的机遇。

由此可见,优秀的员工总是比别人想得更多一些,更周到一些,更完美一些。优秀的员工不但做好自己的本职工作,还善于"查漏补缺",做任何需要做的事情,采取有效的手段及时处理工作中出现的种种问题,不仅把工作做到位,在不越位的情况下随时准备补位。

任何一个老板都希望自己的员工能够自动自发地工作,优秀的员工永远是那些主动找事做,而不是等事做,自动自发、积极进取的员工。一个在工作中保持自动自发精神的员工,就是企业最欢迎、老板最倚重的员工,他们永远不会被企业抛弃,不会被社会淘汰。如果会超越自己,越来越优秀;超越平凡,走向卓越。

第八章　热情：无法抵挡的品格魅力

热情这种品格具有无法抵御的魅力和锐不可挡的威力。热情能让懒散的人勤奋，让懦弱的人坚强；热情使人执著，不达目的不罢休；热情让人勇敢，对一切艰难险阻都无所畏惧；热情使原本平凡普通的人变得卓尔不群、风度翩然，让闲散浪荡的人变得庄重严肃、凝神静气……热情激发潜能，热情创造奇迹，热情铸就成功！所以，让自己拥有热情吧，这种热情会点燃我们的人生之火，让我们的人生灿烂地燃烧！

1 热情是工作的灵魂

曾任纽约中央铁路公司总裁的佛里德利·威尔森,在一次广播访问中,被问到如何才能使事业成功,他回答:"我认为,成功者和失败者的聪明才智,相差并不大。在实力相近的情况下,对工作富于热情的人,一定比较容易成功。一个不具实力而富热情,与一个虽具实力但不热情的人相比,前者的成功机会也会多过后者。"

一个对工作充满热情的人,不论是从事什么样的工作,都会认为自己的工作是一项神圣的天职,并怀着深切的兴趣,不论工作有多么困难,或需要多么艰苦的训练,始终会用不急不躁和负责任的态度去面对。只要抱着这种态度,任何人最终都会成功。爱默生说过:"有史以来,没有任何一项伟大的事业不是因为热情而成功的。"事实上,这不是一句单纯而美丽的话语,而是迈向事业成功之路的指针。

麦当劳有一位员工,他的工作是烤汉堡。他每天都很快乐地工作,尤其在烤汉堡的时候,他更是专心致志。许多顾客对他为何如此开心感到不可思议,十分好奇,纷纷问他:"烤汉堡的工作环境不好,又是件单调乏味的事,为什么你可以如此愉快地工作并充满热情呢?"

这个烤汉堡的人说:"在我每次烤汉堡时,我便会想到,如果点这汉堡的人可以吃到一个精心制作的汉堡,他就会很高兴,所以我要好好地烤汉堡,使吃汉堡的人能感受到我带给他们的快乐。看到顾客吃了之后十分满足,并且神情愉快地离开时,我便感到十分高兴,仿佛又完成一件重大的工作。因此,我把烤好汉堡当作我每天工作的一项使命,要尽全力去做好它。"

顾客听了他的回答之后,对他这样的工作态度都感到非常钦佩。他们回去之后,就把这样的事情告诉周围的同事、朋友或亲人，一传十、十传百，很多人都喜欢来这家麦当劳店吃他烤的汉堡，同时看看“快乐烤汉堡的人”。

顾客纷纷把他们看到的这个人认真、热情的表现，反映给公司。公司主管在收到许多顾客的反映后，也去了解情况。公司有感于他这种热情积极的工作态度，认为值得奖励和栽培。没几年，他便升为分区经理了。

热忱是工作的灵魂，甚至就是生活本身。拥有热情，才能对工作有十二分的认真和责任，才能把工作做到最好。

塞缪尔·斯迈尔斯的办公桌上挂了一块牌子，他家的镜子上也吊了同样一块牌子，巧的是二战时麦克阿瑟在南太平洋指挥盟军的时候，办公室墙上也挂着一块牌子，上面都写着同样的座右铭：

你有信仰就年轻；
疑惑就年老；
有自信就年轻；
畏惧就年老；
有希望就年轻；
绝望就年老；
岁月使你皮肤起皱，
但失去了热情，
就损伤了灵魂。

这是对热情最好的赞美词。热情是工作的灵魂，热情，使我们的决心更坚定；热情，使我们的意志更坚强！它给思想以力量，促使我们立刻行动，直到把可能变成现实。

2　拥有热情就能创造奇迹

热情是一种强劲的激动情绪，一种对人、事、物和信仰的强烈情感。

它发自内心,又深入内心。它是一个人保持高度的自觉,就是把全身的每一个细胞都调动起来,完成他内心渴望完成的事业的一种勃发的精神状态。

热情可以创造奇迹,热情有着无法抵御的魅力,热情还有着锐不可当的威力。历史上有许多依靠个人热情改变现实的事迹。

拿破仑在第一次远征意大利的行动中,只用了15天时间就打了6场胜仗,缴获了21面军旗,55门大炮,俘虏15000人,并占领了皮德蒙德。在拿破仑这次辉煌的胜利之后,一位奥地利将领愤愤地说:"这个年轻的指挥官对战争艺术简直一窍不通,用兵完全不合兵法,他什么都做得出来。"

拿破仑发动一场战役只需要两周的准备时间,换成别人可能需要一年。这种差别正是因为他有着无与伦比的热情,还有那些根本不知道失败为何物的满腔热情地跟随着他的那些士兵,从一个胜利走向另一个胜利,让战败的奥地利人目瞪口呆。

人是很奇妙的,每个人内心都有热情,能感受强烈的情绪,这种内心的情感却正是驱动我们奋发进取、走向卓越、影响别人、成就自己的关键因素。凭借热情,我们可以释放出潜在的巨大能量,补充身体的潜力,培养出一种坚强的个性;凭借热情,我们可以把枯燥无味的工作变得生动有趣,使自己充满活力,培养自己对事业的狂热追求;凭借热情,我们更可以获得领导的提拔和重用,赢得宝贵的成长和发展的机会;凭借热情,我们可以感染周围的同事,让他们理解你、支持你,拥有良好的人际关系;凭借热情,可以使原本平凡的你变得卓尔不群,让人过目难忘。

有三个人做了一个小游戏:同时在纸片上把他们曾经见过的性格最好的朋友的名字写下来,还要解释为什么选这个人。结果公布后,第一个人解释了他为什么会选择他所写下的那个人:"每次他走进房间,给人的感觉都是容光焕发,好像生活又焕然一新,他热情活泼,乐观开朗,总是非常振奋人心。"

第二个人也解释了他的理由:"他不管在什么场合,做什么事情,都是尽其所能、全力以赴。”

第三个人说:“他对一切事情都尽心尽力。”

这三个人是美国几家大刊物的记者,他们见多识广,几乎踏遍了世界的每一个角落,结交过各种各样的朋友。他们互相看了对方纸片上的名字之后,发现他们竟然不约而同地写上了澳大利亚墨尔本一位著名律师的名字,因为这个律师拥有无与伦比的热情,这种热情感染了他们每一个人,也让这位律师取得了事业的极大成功。

只有热情才能使人神采奕奕精力过人。如果你充满热情和活力,别人就会被你吸引。

但是拥有热情的人却并不多,所以这个世界上成功的人也就少之又少。据一家咨询公司的调查报告显示:在实际工作中,有82%的人视工作为苦役,迫不及待地想要摆脱工作的桎梏。剩下的人中,多达15%的人也并不是都喜欢工作的,大多数还是抱着漠视的态度,只把工作当成养家糊口的手段。只有很少的3%左右的人,全心全意地对工作倾注所有热情,而这些很少的人正是取得成功或即将取得成功的各界精英,他们的工作奇迹正是缘于热情创造来的。

著名人寿保险推销员法兰克·派特正是凭借着热情,创造了一个又一个奇迹。他回忆说:“当时我刚转入职业棒球界不久,就遭到有生以来最大的打击,因为我被开除了:我的动作无力,因此球队的经理有意要我走人。他对我说:‘你这样慢吞吞的,哪像是在球场混了20年。法兰克,离开这里以后,无论你到哪里做任何事,若不提起精神来,你将永远不会有出路。’

“本来我的月薪是175美元,离开那里之后,我参加了亚特兰斯克球队,月薪减为25美元。薪水这么少,我做事当然没有热情。但我决心改变自己,努力试一试。待了大约10天之后,一位名叫丁尼·密亭的老队员把我介绍到新凡去。在新凡的第一天,我的一生有了一个重大的转变。

“我想成为英格兰最具热情的球员,并且做到了。我一上场,就好像全身带电一样。我强力地击出高球,使接球的人双手都麻木了。我以强烈的气势冲压倒对方,那位三垒手吓呆了,球漏接了,我成功了。当时气温高达 38℃,我在球场上奔来跑去,极有可能中暑而倒下去。

“这种热情所带来的结果让我吃惊,我的球技出乎意料地提高了,同时,由于我的热情,其他的队员也跟着热情起来。另外,我没有中暑,在比赛中和比赛后,我感到自己从没如此健康过。第二天早晨我读报的时候兴奋得无以复加。报上说:‘那位新加入进来的球员,无异是一个霹雳球手,全队的人受到他的影响,都充满了活力,他们不但赢了,而且是本赛季最精彩的一场比赛。’由于对工作和事业的热情,我的月薪由 25 美元提高到 185 美元,多了 7 倍。在后来的两年里,我一直担任三垒手,薪水加到当初的 30 倍之多。为什么呢?就是因为一股热情,没有别的原因。

“后来在一次比赛中,由于手臂受伤,我不得不放弃棒球。来到菲特列人寿保险公司做保险员,但整整一年都没有成绩,我非常苦恼。后来,无意中我去听戴尔·卡耐基先生的成功学讲座。谁能想到,戴尔·卡耐基先生随手一指,竟要我当场发言。惶惶无主中,我战战兢兢立起身来,感觉手无处放,结结巴巴吐出一点声音来。‘等一等,先生,请等一等。’戴尔·卡耐基先生摇摇头,毫不客气地打断我:‘拿出生气来,年轻人,您这样讲话,哪一个爱听?没有热情,能打动谁?’

“没有热情,能打动谁?”就是这句话激起法兰克·派特的信心与热情。由于对工作充满热情,他的业绩得到迅速地提升。很快,他便成了人寿保险界的大红人。后来,他不无感慨地说:“我从事推销 30 年了,见到过许多人,由于对工作抱有热情态度,他们的收效成倍地增加;我也见过另外一些人,由于缺乏热情而走投无路。我深信:热情的态度是成功推销的最重要因素。”

热情可以创造奇迹。因为伽利略对宇宙的满腔热情才举起了他的望远镜,才让我们领略了宇宙太空的神秘和美丽;因为哥伦布对大海和探险的满腔热情,才克服了难以想象的艰难险阻,带我们一起感受了巴哈马群岛清新的晨曦;也是凭借着满腔的热情,弥尔顿、莎士比亚才在纸上写下了他们不朽的诗篇。任何人只要具备了热情,都能获得成功,任何人拥有了热情,都可以创造出奇迹。

3　点燃工作的热情之火

工作其实就像一座煤山,热情就是火种。用热情去点燃这座煤山,工作就会燃烧起来,并释放出巨大的能量。因为从某种程度上说,热情比智慧更重要。凭借热情,你可以把工作变得生动有趣,使自己充满活力;凭借热情,你可以释放出巨大的潜能,发展自己坚强的个性。

成功大师卡耐基认为:“对工作热情的人具有无穷的力量。”亨利·福特说:“我喜欢热情的员工,他的热情会激发顾客的热情,这样生意就做成了。”艾柯卡说:“对任何事都热情的人,做任何事都会成功。”

热情是点燃卓越的熊熊烈火。用100%的热情去做1%的事情,那么你一定可以在你的职业生涯中完美地起飞。

李明很不满意自己的工作,他忿忿地对朋友说:“我在公司里的工资是最低的。并且,老板也不把我放在眼里,如果再这样下去,有一天我就辞职不干了。”

“你对公司的贸易情况熟悉吗?对于他们所做的电器贸易的窍门完全弄清了吗?”他的朋友问他。

“没有,我懒得去钻研那些东西。”李明漫不经心地回答他的朋友。

“我建议你先静下心来，抱着积极的态度，认认真真地对待自己的工作，好好地把他们的贸易技巧，商业文书和公司组织完全搞通。甚至包括签订合同都弄懂了之后，再作决定，这样，你可能会有许多收获。”

李明听从了朋友的建议，一改往日散漫的习惯，开始积极地投入到工作之中；还常常下班后，在办公室里研究商业文书的写法。

半年后，他和那位朋友又聚到了一起。“你现在大概都学会了，是不是又准备推桌子不干了?”那位朋友问他。

“可是，这几个月来，老板对我刮目相看。最近，更是委以重任，又升职，又加薪，我都快成了公司里的红人了。”李明对他的朋友说。

“这种情况，我早就料到了。”他的朋友笑着说，“当初你的老板不重视你，是因为你在工作中自由散漫，敷衍了事，又不努力学习。现在，你工作态度这么积极，担当的任务多了，能力也强了，当然会令他刮目相看了。”

对工作的热情，可以让我们把枯燥乏味的工作变得生动有趣，使自己充满活力，培养自己对事业的狂热追求，我们更可以获得领导的提拔和重用，赢得珍贵的成长和发展机会。所以不管从事什么样的职业，要想获得成功，首先需要的就是工作激情。任何人，只有具备了这个条件，才能获得成功。

曾经有一个鞋匠，他从事擦鞋工作已经多年，但是他一直非常热爱自己的工作，他还说他过着幸福的生活，而且为拥有当地最好的擦鞋水平而感到自豪。

其他的人很奇怪，就问他：“我们看着都觉得你很辛苦，你怎么还会一直喜欢你的工作呢?”

“我擦完鞋之后，看到每个人都能够穿着一双光鲜的鞋上路，这是多么令人自豪的一件事。既然我干了这一行，那我就要成为一个最伟大的擦鞋匠。”擦鞋老人说。

这位擦鞋匠把每擦好一双鞋,并让鞋的主人开心当做是自己的工作使命。对他而言,这是一件有意义的工作,所以他热情满怀地去做,收获的,却是人生的惬意和满足。

热情是实现愿望最有效的工作方式。如果你能够让人们相信,你的愿望确实是你自己想要实现的目标,那么即使你有很多缺点别人也会原谅你。只有那些对自己的愿望有真正热情的人,才有可能把自己的愿望变成美好的现实。

对工作投入100%的热情,比对工作投入100%的智慧更有效率。因为有热情就能激发潜能,有热情就能全身心地投入,有热情就能干劲十足,精力充沛,有热情就能神情专注,有热情任何事都会变得轻而易举,热情让人更自信,热情让人更勤奋,热情让人激情勃发,青春永驻……有时候成功与其说取决于人的才能,不如说取决于人的热情。热情是做好工作的重要支撑,热情是走向成功的必不可少的动力之源。所以,对工作投入你的热情吧,点燃工作的热情之火,你的工作将从此不同。

4 永远保持对工作的激情

激情是世界上最有价值的一种感情,也是最具感染力的。一个人从事他所喜爱的工作时,你可以一眼就看出来,他非常投入,其表现出的自发性、创造性、专注和执着都十分明显,而在那些视工作为应付差事、乏味无聊的人那里,是根本看不见的。对事业的热情是世界上最大的财富,它的价值远远超过金钱与权势。热情摧毁偏见与敌意,摒弃懒惰,扫除障碍。哈达曼教授指出:世上许多做得极好的创意,都是在激情的推动下完成的。关键所在,是要把将工作做好的激情保持长久,做到善始善终。

所以,除了对工作有热情、倾注热情外,还要保持对工作的激情不变,这才是成功的关键。

很多时候,你只需换一个角度去思考,就会对自己的工作充满乐趣。发现工作的乐趣,正是保持工作激情的不二法门。请看下面一位老总讲述的故事:

某天一大早,我跳上了一部出租车,要去郊区参加一个重要的会议。正好是中午的高峰时刻,没多久车子就卡在了车阵中,此时前座的司机先生开始不耐烦地叹起气来。

我随口和他聊了起来:“最近的生意好吗?”

后视镜上的脸垮了下来,声音很无奈:“有什么好的?到处都不景气,你想我们出租车生意会好吗?每天跑十几个小时,也赚不到什么钱,真是气人!”

显然,这不是个好话题,那么换一个好了。于是,我接着说:“不过还好你的车很大很宽敞,即便是塞车,也让人觉得很舒服……”

他立刻打断了我的话,声音激动起来:“舒服个鬼!不信你来每天坐12个小时看看,看你还会不会觉得舒服?”接着他的话匣子打开了,抱怨政府无能、社会不公、人民无望……

我只能安静地听着,一点儿插嘴的机会也没有。

第二天同一时间,我再次跳上了另一部出租车,要去同一个地方参加会议。然而这一次,得到的却是迥然不同的经验。

一上车,一张笑容可掬的脸庞转了过来,伴随的是轻快愉悦的声音:“你好,请问要去哪里?”

真是难得的亲切,我心中有些奇怪,随即告诉了他目的地。

他笑了笑说:“好,没问题!”

然而走没两步,车子又堵在车阵中动弹不得。司机先生手握着方向盘,开始轻松地吹起口哨哼起歌来。

于是我问他:“看来你今天心情很好嘛!”

他微笑着露出牙齿:“我每天都是这样啊,每天心情都很好。”

“为什么呢?”我问他,“大家不是都说世道不景气,收入都不理想吗?”

司机先生笑着说:“没错,我也有家、有小孩要养,所以开车时间也跟着延长了。不过,日子还是很开心的,因为我有一个秘密……”他停顿了一下,才又说:“说出来,先生你别笑我,好吗?”

他说:“我总是换个角度来想事情。比如,我觉得出来开车,其实是客人付钱请我出来玩。像今天一早,我就碰到像你这样花钱请我跟你到郊外玩,还让我客串当司机的人,这不是很好吗?等到了郊外,你去办你的事,我就正好可以顺道欣赏郊外的景色,抽根烟再走啦!像前几天,我载着一对情侣去东湖水库看夕阳,他们下车后,我也下来喝碗鱼丸汤,挤在他们旁边看看夕阳才走。反正来都来了嘛,更何况还有人付钱呢?”

我突然意识到,自己有多幸运,与一位富有激情的司机同车出游,真是棒极了。又能坐车,又开心,这样的服务有多难得,我决定向这位司机先生要电话,以便以后有机会再联系他。接过他名片的同时,他的手机铃声正好响起,有位老客人要去机场——原来喜欢他的不止我一位,相信这位司机的工作态度,不但替他赢得了好心情,也必定给他带来不少生意。

激情带来希望,激情成就梦想,激情让一切都变得不同,拥有了激情就拥有了坚定的信念、行动的动力,就拥有了成功的资本,这种激情可以让你勇往直前,纵横驰骋。

位居美国富豪榜第10位的富翁保罗·盖蒂在总结自己的成功之路时指出:“激情成就财富,成功离不开激情。激情是一种精神特质,代表一种积极的精神力量。人人都具有激情,只要善加利用,就能使之转化为巨大的致富能量。”

有激情才能有积极性,没有激情只能产生惰性,而惰性只能使你落伍,业绩不佳则难免要被时代“炒鱿鱼”。内心充满激情,你就会兴奋;你精神振奋,也会鼓舞别人工作,这就是激情的感染力量。

像没有汽车加油站，汽车就不能跑长途一样，激情不加油，也不能维持长久。但敬业的人对工作的激情永远不会干涸，他会疏通情感渠道，从而起到加油站的作用。成功的人其激情发自内心，起于梦想，所以这种激情不会轻易消退，它表现成为一种强大的精神力量，征服自身与环境，持久地散发出魔力，引导他们创造出日新月异的成绩，让他们在激烈的竞争中立于不败之地。

第九章　自信:信心有多高成就就有多大

自信就是自己相信自己,自己信得过自己,自己看得起自己。自信是激励自己奋发进取的一种心理素质,自信也是一个人至为重要的一种品格,没有自信心,就没有生活的热情和趣味,也就没有探索拼搏的勇气和力量。自信的人永远相信,自己就是最优秀的那一个人,自己一定可以取得成功,这种信心让他们拥有无尽的热情和永不退缩的精神,战胜一切困难,越过所有障碍,并最终取得成功。心有多大,舞台就有多大;自信有多强,成就就有多大。所以相信自己,建立自信,世界都是你的。

1 最优秀的人其实就是你自己

古希腊大哲学家苏格拉底临终前曾留下一句名言："最优秀的人其实就是你自己。"这句话点破了古往今来所有成功者成功的奥秘，是每一个渴望在事业上有所作为的员工都应当奉行的金玉良言——相信自己。

只有真正相信自己具有价值，才能充分发挥出自己的价值，如果你认为自己毫无价值或者利用价值很低，那么你将真的发挥不出你的才能，自己所应有的巨大的人生价值也将被埋没。这样做的结果，等于是为自己的人生设限，你所能达到的成就会永远超不出你为自己设计的高度。如果你真的相信自己，并且深信自己一定能实现梦想，你就真的能够步入坦途，而别人也会更需要你。

有一次，一名意志消沉的经理前去寻求美国著名成功学家拿破仑·希尔的帮助，他因为合伙人的破产而变得一无所有，拿破仑·希尔于是让他站在厚窗帘的前面，并且告诉他："你将看到这世上唯 一能使你重获信心并且克服困境的人。"藏在窗帘底下的其实是一面镜子，因此，当拿破仑·希尔将这块窗帘揭开，出现在这位经理面前的不是别人，正是他自己。他用手摸摸自己 长满胡须的脸孔，对着镜子里的人从头到脚打量了几分钟，不禁陷入了沉思，过一会儿便 向拿破仑·希尔道谢，而后离去。几个月后，他再度现身在拿破仑·希尔面前，但已非当时意兴阑珊的失意者，而是从头到脚打扮一新，看起来精神焕发、信心十足的样子。他告诉 拿破仑·希尔："那一天我离开你的办公室时还只是一个流浪汉。我对着镜子找到了我的自信，现在我找到了一份薪水不错的工作，我确信自己从前的成功肯定还会再次降临。

法国存在主义哲学大师、获得诺贝尔奖但拒绝领奖的萨特说："一个人想成为什么，他就会成为什么。”如果你认为自己被打倒了，那么你就真的被打倒了。如果你想赢，但是认为自己没有实力，那么你就一定不会赢。如果你认为自己会失败，那么你就一定会失败。因为这一切全部在于你自己。自己才是一切的根源，自己才是一切的主宰。

自信是所有成功者都拥有的品质，是成功的基石，是成功的第一秘诀。一位成功学家曾说：“你的成就大小，往往不会超出你自信心的大小。假如你对自己的能力没有足够的自信，你也不能成就重大的事业，不期待成功而能取得成功的先决条件，就是自信。”

有个以前从没做过营销业务的新人，进入公司两个月，都没有做成一笔业务。到发工资的那天，他做了一个让老板意想不到的举动：坚决不要工资！

他说：“我没有做成一笔业务，感觉对不起公司，所以我不要工资。但是，我相信我肯定能行。”

他这番话让老板很有感触，于是送了他一句话：“总有一扇大门会为你打开”。

果然，经过他的努力，在第3个月的时候，他做成了一笔大业务。慢慢地，他越来越自信，业绩也越来越好。

第8个月，他成为公司的主任；一年后，他被任命为总经理助理。

每个人只应该做最优秀的自己，而不要去做最好的别人。有的人对自己不很满意，也想完善自己，但他们往往喜欢羡慕别人，如内向的人羡慕外向的人能言善辩，外向的人羡慕内向的人稳重等。当今社会，人们似乎更倾闻于那些性格外向的人，外向仿佛成了活泼、开朗、大方、能说会道的代名词，而内向之人则蕴含着有不少不受欢迎的品质，如怯懦、木讷、无能等。

有这样一则寓言故事：

有一天，一群动物聚集在一起，彼此羡慕对方的优点，抱怨自己的缺点，于是决定成立一所学校，希望通过训练，自己成为一个通才。他们设计一套课程,包括了奔跑、游泳、飞翔和攀登。所有动物都报了名,选修了所有的科目。

最后的结果是:小白兔在奔跑方面,名列前茅、但是到游泳课的时候,就浑身发抖;小鸭子在游泳方面,成绩优异,但奔跑起来却摇摇晃晃;麻雀在飞翔方面,遥遥领先,但不能奔跑,碰到水就几乎精神崩溃;至于小松鼠,爬树的本领固然高人一等,奔跑的成绩也不错,却在飞翔课中,尝到了走麦城的滋味。大家愈学愈茫然、愈学愈苦闷,终于下决心停止盲目学习别人,好好利用自己的长处。他们不再抱怨、不再羡慕,因此又重现了往日的活泼与快乐。

从这则故事中你得到启发了吗?世间万物,各有短长,不能勉强,相信自己,你就是最优秀的。

自信心对一个人的成长有着相当重要的作用,它可以支持强者闯过难关,帮助弱者赢得成功。在一个人的整个职业生涯中,要对工作充满信心、保持热情与精力,这样才会有所成就。

面对老板交给你的一件不属于你分内的且有难度的工作,你是不是不无怯意地拒绝说,“对不起啊,老板,我怕……我不行啊。”

这样的事情或许天天发生在我们的周围。看似简单的几个字,却恰恰暴露出你的自卑心理,机会或许就在你说“我不行”的这一瞬间从你身边溜走了。

有一句充满哲理的话:“你相信它,你才会看见它。看见它你才能去追求它,追求它你才能得到它。”你相信自己是最优秀的,你就是最优秀的。

2 你就是独一无二的珍宝

自信是职场成功的第一秘诀,拥有自信,自己相信自己终获成功,让自己置身于更富挑战性的环境中,就能获得更多的机会。那些充满自信、不断挑战困难、开拓广阔市场的员工,总能得到丰厚的馈赠。找到自己的人生价值。因为他们相信每一个人都是奇迹,相信自己就是独一无二的珍宝。

一个年轻人对智者说:“老师,我觉得自己什么事也干不好。没有人看重我,我该怎么办呢?”智者说:“孩子,我很同情你的遭遇,但不能帮你,因为我必须先处理好自己的问题。”智者停顿了一会儿后说:“如果你愿意帮我,我就可以很快处理好问题,然后也许就能帮你了。”“好吧。”年轻人犹豫了一会儿后说。于是智者坐下来,从手指上脱下一枚戒指交给年轻人说:“你到集市上把这枚戒指卖了,因为我需要钱还债。换回的钱越多越好,无论如何不能少于1个金币。”年轻人到了集市,但是,听年轻人说戒指的最低价不能少于1个金币后,集市上的人有的哈哈大笑,有的说年轻人头脑发昏,只有一位慈祥的老太太告诉年轻人他要价太高了。年轻人穿过集市,到处兜售戒指,但没人肯出1个金币。年轻人垂头丧气地回来了。他多想自己能有1个金币,这样就可以把钱给智者帮其还债,而智者就可以给他忠告和帮助了。年轻人说:“老师,对不起,我没能达到你的要求。也许我可以卖到两个或三个银币,但我觉得那不应该是这枚戒指的真正价值。”“年轻朋友,你说得太对了。”智者笑着说,“你再去一趟珠宝店,没人比珠宝商更清楚它的价值了。你跟珠宝商说我要把戒指卖掉,问他能出多少钱,但不要真卖戒指,问完价格后你再带戒指回来。”珠宝商仔细看了看戒指后说:“告诉你老师,如果他想卖戒指,我最多可以给他58个金币。”“58个金币!”年轻人惊呼。“对。”珠宝商说,“如果不着急的话,我可以出70个金币,可是如果你着急脱手……”年轻人兴奋地跑回去,将发生的一切告诉智者。智者说,“你就象这枚戒指,珍贵、独一无二,只有专家才能真正判定你的价值。你怎能期望生活中随便一个人就能发现你真正的价值呢?”智者说着将戒指套回手指上。

你自己就是独一无二的珍宝!

世界上没有完全相同的两片树叶,更不可能有完全相同的两个人!每一个人都是珍贵的、独一无二的,都有自己非同一般的价值,所以,任何时候都不要小看自己,轻视自己,失去自信。甚至埋没了自己的才华,阻碍了自己的成功。

从前,有一个农场主,一心想要发财致富。一天傍晚,一位珠宝商前来借宿。农场主对珠宝商提出了一个藏在他心里几十年的问题:“世界上什么东西最值钱?”珠宝商回答道:“钻石最值钱!”农场主又问:“那么在什么地方能够找到钻石呢?”珠宝商说:“这就难说了。有可能在很远的地方,也有可能在你我的身边。我听说在非洲中部的丛林里蕴藏着钻石矿。”第二天,珠宝商离开了农场,四处收购他的珠宝去了。农场主却激动得一宿未合眼,并马上做出一个决定:将农场以低廉的价格卖给一位年轻的农民,就匆匆上路,去寻找远方的宝藏。

第二年,那位珠宝商又路过农场,晚餐后,年轻的农场主和珠宝商在客厅里闲聊,突然,珠宝商望着书桌上的一个石块两眼发亮,并郑重其事地问农民这块石头是在哪里发现的。农民说就在农场的小溪边发现的,有什么不对吗?珠宝商非常惊奇地说:“这不是一块普通的石头,这是一块天然钻石!”随后,他们在同样的地方又发现了一些天然钻石。后来经勘测发现,整个农场的地下蕴藏着一个巨大的钻石矿。而那位去远方寻找宝藏的老农场主却一去不返。听说他成了一名乞丐,最后跳进尼罗河里了。他到死也没有明白,钻石就在自己家的院子里。

钻石就在自己家的院子里。最可贵的宝藏往往不在远方,而在于我们自身。每个人都是独一无二的宝藏,每个人都是一道独特的风景,每个人都有自己的一片独特的天空。尽管你的天空不是最亮最大的那一片,但它是属于你的。也许你不是最优秀的,但你是独一无二的。只要你相信自己,你就是一块宝玉!

自信的人永远相信,自己就是最优秀的那一个人,自己就是独一无二的珍宝,自己一定可以取得成功。这种信心让他们拥有无尽的热情和永不退缩的精神,这种精神让他们永远进取,永不放弃,并最终成功。

3 正视弱点,发挥优势

每个人都有优缺点,绝对没有十全十美的人。正确地认识你的优缺点,并积极地驾驭它,灵活地运用它,尽量以优点来面对环境,逐步改正缺点,那么,你也差不多接近完美无缺了。除了自己,没有任何人可以使你沮丧消沉。

自信是对自己能力的认可,自信使不可能成为可能,使可能成为现实。自卑使可能变成不可能,使不可能变成毫无希望。所谓"先声夺人"就是这个意思,否则,在没有行动之前就已自卑气馁,在气势上就输了一筹,以这种心态去做工作,十个就有十个要以失败告终。有些人为什么能够自信,并不是说他们在知识、能力上高人一等,而是他们能够清楚自己的弱点与不足,并能积极地发挥长处,扬长避短,克服了自卑心理。而有些人只认识到了自己的优点,对存在于自身的弱点却不敢承认和面对,害怕暴露弱点而被人看透,受到他人的嘲笑和蔑视。如此一来,这些弱点便在不断地发挥着它们的破坏作用,对个人的发展造成了极坏的负面影响。所以,在人的一生中,要学会正视自己的弱点、发挥自己的优势。

敢于正视自己的弱点,敢于承认自己的不足,这是一种期待成长的勇气,每个人都有长有短,真正看清这一点,你才能最后胜于人。

民间有句老话叫"金无足赤,人无完人",意思是每个人都不可避免地会有缺点和不足,这根本没有什么奇怪的。关键是正确地对待自己的不足,不要因为有不足就自卑,就磨灭我们的自信。只要正视自己的弱点,克服自己的弱点,实在不能克服时我们还可以选择避开弱点,发挥优势,走向成功。

每个人都应该正视并感激自己的弱点。因为一个人只有认识到自己的弱点，才会给自己新的学习机会，从而增长智慧，愈加成熟。这样的人，不仅更容易接近成功，而且能够得到大多数人的认可。而那些不肯或者不敢甚至不能正视自己的人，非但很难取得成就，同时也很难在社会上立足。

新年伊始，上海市一家外资企业登出招工启事，准备面向社会招聘一位经理助理。在招聘条件一栏中，有一项条件是必须具备两年以上的工作经验。

当天上午，先后有6位求职者前来应聘，前面5个应聘者都称自己有类似的工作经验，但面对招聘经理的考问，他们很快显示出了对这一行业的无知。

第6位求职者是一位学生模样的年轻人，他坦率地对招聘经理说，自己并不具备这方面的工作经验，但是他对这份工作很感兴趣，并且拥有十足的信心，相信经过短暂的实践后，能够胜任工作。

“没有工作经验你为什么还来应聘？你没看到我们的招聘条件吗？不过我很欣赏你的诚实，说说你为什么能够实言相告呢？”一位外籍招聘经理用生硬的汉语问他。

“是这样的，先生。”青年人回答，“小的时候，有一次我偷了家里的鸡蛋拿出去卖钱花，结果被奶奶知道了。奶奶问我时我撒了谎，奶奶在我的屁股上重重地打了一巴掌，然后告诫我：‘穷不可怕，只要你诚实，你就有救。’我永远记住了这句话。”

毫无疑问，这位应聘者被破格录取了。几年后，他成为这家公司的财务总监。

穷不可怕，只要你诚实，你就有救。同样的道理，有弱点并不可怕，而且非常正常，只要你能够正视自己的弱点，并努力弥补，你就能逐渐得到提升，趋于完美。

那么，为什么大多数人不愿意正视自己的弱点呢？原因就在于他们不自信。为了自己可怜的自尊,他们往往对自己的优点了如指掌并大肆宣扬,而对自身的弱点却不敢承认和面对,害怕弱点被别人看透,受到他人的嘲笑和蔑视。如此一来,这些弱点便不断地发挥破坏作用,对个人的发展造成极坏的负面影响。

与此相对,那些在职业生涯中有所收获的人,都是能够清醒认识自己的人。他们在知识与能力上或许并不一定胜人一筹,但是他们非常清楚自己的弱点和不足,从而能够及早规避相关危害,并积极地发挥自己的长处,扬长避短,用优点去克服或弱化自身的弱点,从而增强自己的自信,让自己迎接成功。

有句话说得好:一分自信,一分成功;十分自信,十分成功。当你总是在问自己:我能成功吗?这时,你还难以摘取成功的花朵。当你满怀信心地对自己说:我一定能够成功。并且尽最大的努力克服不足,正视弱点,发挥优势,奋发进取,人生收获的季节离你已不太遥远了。

4 不要给自己设限

很多人不敢去追求成功,不是追求不到成功,而是因为他们的心里默认了一个“高度”,这个高度常常暗示自己的潜意识:成功是不可能的,这是没有办法做到的。“心理高度”是人无法取得成就的根本原因之一。有一句话说得好:“心有多大,舞台就有多大。”我们事业的高度更大程度上来自于我们心的高度——你有多大的“野心”就可能有多大的成就,如果你没有“野心”,肯定不会有任何成就!

有人曾经做过这样一个实验:他往一个玻璃杯里放进一只跳蚤,发现跳蚤立即轻易地跳了出来。再重复几遍,结果还是一样。一测试,原来跳蚤跳的高度一般可达它身体的400倍左右。

接下来实验者再次把这只跳蚤放进杯子里,不过这次不同的是在杯上加一个玻璃盖,“嘣”的一声,跳蚤重重地撞在玻璃盖上。跳蚤十分困惑,但是它不会停下来,因为跳蚤的生活方式就是"跳"。一次次被撞,跳蚤开始变得聪明起来了,它开始根据盖子的高度来调整自己跳的高度。再一阵子以后呢,发现这只跳蚤再也没有撞击到这个盖子,而是在盖子下面自由地跳动。

一天后,实验者又把这个盖子轻轻拿掉了,它还是在原来的这个高度继续地跳。三天以后,他发现这只跳蚤还在那里跳。

一周以后发现,这只可怜的跳蚤还在这个玻璃杯里不停地跳着,其实它已经无法跳出这个玻璃杯了。

给自己设限,就让自己不敢向前。你是自己最大的敌人。除了自己,没有任何人可以使你沮丧消沉。同时,你也可能成为自己最好的朋友。当你了解到世间唯一能左右你成败的人就是你自己时,那么,你就能"化敌为友",做自己最好的朋友。一个人的成败,很大程度上取决于他的意志是否坚强,他的信心是否强大。

人生来没有什么局限,无论男人或女人,所以不要为自己设限,那是最愚蠢的行为。西方有句名言:"一个人的思想决定他的为人,决定了他的成就。"心有多大,能力就有多大,成就就有多大。相信自己,建立自信,没有什么不可以。

5 自卑是成功的大敌

自卑是捆绑心灵的一大枷锁。古往今来,有许多失败者之所以失败,究其原因,不是因为无能,而是因为不自信,因为自卑。

说得严重一点儿,人人都有自卑情节。自卑几乎潜藏在我们每一个人的心里,因为这或是因为那。一个事业不成功的人,见到成功者自卑,一个貌丑者见到美丽者自卑,一个穷人见到富人他也会自卑。

一个人再强大再能干,他也不可能在所有的方面都独占鳌头,所以总会山外青山楼外楼,每个人都会有不如别人的地方。因而,自卑人人有。

只不过自信的人习惯于用更多的自信来抵抗自卑的侵袭。但是在许多人心中,自卑依然如挥之不去的黑蝙蝠,深潜于心,却时常会如蛀虫一样啃噬内心,控制着我们的工作和生活,在我们有所决定、有所取舍的时候,向我们勒索着勇气与胆略;当我们碰到困难的时候,自卑会站在我们的背后大声地吓唬我们;当我们要大踏步向前迈进的时候,自卑会拉住我们的衣袖,叫我们谨小慎微、左顾右盼。自卑会让人们面对一次偶然的挫败就垂头丧气,一蹶不振,将自己的一切否定,觉得自己一无是处,窝囊至极,甚至会掉进自责自罪的旋涡,自卑就是你我走向成功的绊脚石。

一个人可以长得丑陋,可以遭遇贫穷,可以经受磨难,但绝不可以丧失了自信。因为强大的自信可以将一切厄运转化成适合幼苗生长的空气、土壤和水分。

诺贝尔化学奖获得者、法国科学家维克多·格林尼亚由于出生于一个百万富翁之家,从小过着优裕的生活,所以养成了游手好闲、摆阔逞强、盛气凌人的浪荡公子恶习,但后来的一次重大打击改变了他的习性。

一次午宴上,他对一位从巴黎来的美貌女伯爵一见倾心,但是,他却听到一句冷冰冰的回话:“请离我远点,我讨厌被花花公子挡住视线。”女伯爵的冷漠和讥讽,第一次使他在众人面前羞愧难当。

突然间,一种油然而生的自卑感使他感到无地自容,他甚至想到了自杀。

后来他离开了家庭,只身一人来到里昂,在那里他隐姓埋名,发奋求学,进入里昂大学插班就读,并断绝一切社交活动,整天泡在图书馆和实验室里。这样的钻研精神赢得了有机化学权威菲利普·巴尔教授的器重,靠着名师的指点和他自己长期努力的结果,他发明了“格氏试剂”,发表了200多篇学术论文,最终被瑞典皇家科学院授予1912年度诺贝尔奖。

自卑感是无形的敌人,你必须设法战胜它,否则它所造成的危害及丧失信心、自我意识过强、不安、恐惧等种种并发症,都会给你带来不必要的困扰。事物本身并不影响人,人们只受对事物的看法的影响。不要把自己想成一个失败者,而要尽量把自己当成一个赢家。

自信是成功的前提,没有自信的人无法面对工作中的挫折,一个人如果没有了自信,自己首先就贬低了自身的存在价值。即使再伟大再有能力的人,如果失去了自信,也会沉入失败的谷底。

尼克松是我们极为熟悉的美国总统,但就是这样一个大人物,却因为一个缺乏自信的错误而毁掉了自己的政治前程。1972 年,尼克松竞选连任。由于他在第一任期内政绩斐然,所以大多数政治评论家都预测尼克松将以绝对优势获得胜利。然而,尼克松本人却很不自信,他走不出过去几次失败的心理阴影,极度担心再次出现失败。在这种潜意识的驱使下,他鬼使神差地干出了后悔终生的蠢事。他指派手下的人潜入竞选对手总部的水门饭店,在对手的办公室里安装了窃听器。事发之后,他又连连阻止调查,推卸责任,因此而即将遭到议院弹劾,无奈之下,只能在选举胜利后不久便被迫辞职。本来稳操胜券的尼克松,因缺乏自信而导致惨败。

所以克服自卑的最有效的方法就是树立自信。保持信心就如同争取高贵的名誉一样重要,信心是你走向成功最有力的保障。确立自信心,就是要正确评价自己,认识到自己就是世间最独一无二的珍宝,发现自己的长处,肯定自己的能力,任何时候也不失去自信,并以一种高昂的斗志、充沛的精力,去迎接生活和工作中的挑战,享受奋斗后的成功。

如果你认为自己被打倒了,那么你就真的被打倒了。如果你想赢,但是认为自己没有实力,那么你就一定不会赢。如果你认为自己会失败,那么你就一定会失败。胜利始于个人求胜的意志和信心,胜利者都属于有信心的人。一个不能说服自己能够做好所赋予任务的人,是不可能完成任务的。

记住:你就是你自己的上帝,你的命运掌握在你自己手中,很多时候并不是别人把你打败了,而是你自己已经先打败了自己。所以,摒弃自卑,自信起来。

第十章　合作：团结互助带来共赢

这是一个团队的时代，更是一个合作的时代，合作的品格对于现代人而言，至为重要。因为世界上没有全能的个人，只有完美的团队，只有善于合作，充分把自己融入团队中去，依靠大家的力量，才能把事情做到最圆满、最完美。

1 独木不能成林，合作才能取胜

古语说“独木不成林，单丝不成线”，个人的力量是有限的，一个人力量再强大也不可能有大成就。任何伟大的事业都不是靠自己一个人做大的，合作是成就伟大事业的基本原则，而且可能是成就伟业的唯一途径，因为合作的10%通常大于自己单打独斗的100%！也就是说；如果你的目标远大的话，合作是必然的方式。所以，我们必须培养自己的合作精神，学会合作，善于合作，这是现代员工的必备品格，也是基本素质。

一天，一群男孩来到一段早已废弃的铁轨旁边。一个男孩跳上一条轨道，想在上面行走，只走了几步，就失去了平衡，从铁轨上掉了下来。另一个男孩想试试，也失败了。其他的男孩都笑了起来。

前面走铁轨失败了的男孩不服气地说：“我打赌你们谁也走不到头。”男孩们一个接一个上去试，都没有成功。

这时，有两个男孩在一旁耳语了一会儿，其中一个男孩向伙伴们发出了挑战：“我能在铁轨上一直走到头，他也能。”他指了指另外那个男孩。

“不可能，你们办不到。”一个试过的男孩说。

“赌一根棒棒糖。”他说。

伙伴们都接受了这个赌注。

出来挑战的两个男孩分别跳上两条铁轨，伸出胳膊，彼此牢牢地牵着手，小心翼翼地走到了铁轨的尽头。

是的，彼此伸出一只手就可以在铁轨上行走，彼此合作就可以共同走向远方。

独木不能成林，单丝不能成线，只有合作才是成功的坦途。特别是在今天这样一个广泛合作的时代，合作比任何时候都更重要更有价值。

今天的时代是市场经济时代,市场经济是广泛的交往经济,离不开与各种类型的人合作;今天的时代是竞争的时代,只有选择合作,才能成为最具竞争力的一族;今天的时代是全球一体化的时代,在国际化的经济中立足,更需要高超的合作能力。没有合作能力,就不可能适应我们这个时代。

作为在经济大潮中主力军的广大员工,更需要有超强的合作能力,积极主动地合作,才能有自己的立身之地。我们已经进入一个合作的时代,一个团队的时代,没有人能够独自成功,唱独角戏,当独行侠,早已是远古时代的烟云。俗话说的好:“双拳难敌四手,”“三个臭皮匠,顶个诸葛亮。”只有运用合力,善于合作,才有强大的力量,才能充分发挥自己的才能,有效利用别人的力量,才更容易取得成功。

所以,合作不仅是时代对我们的要求,更是一种适应时代的能力,是一种体察环境的睿智,更是一种大气磅礴的职场智慧。

2　没有全能的个人,只有完美的团队

没有全能的个人,只有完美的团队,团队的力量永远大于个人力量之和,一加一等于二,这是人人都知道的算术。可用在人与人的团结合作上,那就不再是一加一等于二了,而可能等于三、等于四、等于五……合作就是力量,这是再浅显不过的道理。

丹麦天文学家第谷用30年时间精密观察行星的位置,积累了大量精确可靠的资料,但他不善于理论思维和科学整理,未能有重大发现。临终前第谷将资料交给助手开普勒,并告诉他按照这些资料绘制星座图。开普勒将自己的深刻研究和第谷的精确观察相结合,终于发现了行星运动的三大定律,揭开了天体运动的秘密。没有合作,哪来的行星运动的三大定律?

合作是一切团队合作的根本,没有团队里每一个人的相互协作、共同

努力，是绝不可能创造出辉煌的业绩的。一个人无论他多么能干，多么有才，多么伟大，也不可能完成所有的工作。

当年拿破仑带领法国军队所向披靡，但在进攻马木留克城的时候，却遭到了顽强的抵抗。马木留克士兵高大威猛，一个法国士兵根本就打不过一个马木留克士兵，法国军队遭到了前所未有的抵抗。

后来拿破仑发现，两个法国土兵却可以打过两个马木留克士兵，一群法国士兵可以打过一群马木留克士兵。所以，他让法国士兵尽量避免单独作战，而是合作起来，团队作战，法国士兵很快击败了马木留克士兵。创造了法国军队不败的神话。

原来，马木留克士兵虽然强悍无比，但他们不重视合作，自己打自己的，同伴遇到了危险，也不去接应，而法国士兵却精诚团结，高度合作，互相照应，一群法国士兵当然能很容易地打败单个的马木留克士兵了，他们依靠合作最终获得了胜利。

个体的力量是有限的，而团队的合作则可以战无不胜。在当今这样一个合作的时代、团队的时代，合作的力量更是制胜的关键。不懂得合作或者合作得不好的企业，一定难以在竞争激烈强手如林的商场立下脚跟，最终只能被市场淘汰，黯然离场。只有那些善于合作、精于合作的企业，才能永立不败。所以，在当前，企业和老板都越来越重视合作，合作素质也被当成了企业选人用人的标准之一，没有合作素质的员工，是不受企业的青睐和欢迎的。

越来越多的公司，在招聘员工时，都把能否“崇尚团队合作”当做一个重要的衡量指标。不能与同事友好合作，没有团队意识的人，即使有很好的能力，也难以把自己的优势在工作中淋漓尽致地发挥出来。

没有合作精神的企业不可能成功，没有团队意识的员工也不可能受到企业的欢迎。因为企业比个人更明白个人能力的有限和团队力量的强大。

一个互相信任的团队，一个互相扶持的团队，一个互相依赖的团队，对于一个企业而言,是关系兴衰存亡的关键因素,也是个人获得职业发展的决定因素。一根筷子轻轻被折断,十双筷子牢牢抱成团;一个巴掌拍不响,万人鼓掌声震天。从来没有全能的个人,最完美的只能是每一个人都充分合作的团队。

3　把自己充分地融入团队

作为一名团队中的个体,只有把自己融入到整个团队之中,凭借集体的力量,才能把个人的力量发挥到最大,才能无限放大个人的能力,并最终和团队一起取得惊人的成绩。

佛家有一个很著名的故事:

一天,佛祖释迦牟尼问众弟子:"给你一滴水,怎样让它不干?"众弟子面面相觑,不知该如何作答。

佛祖说:"把它放进大海里吧!"

的确,单独的一滴水,连存在都很困难,更别说要有所作为了。但是把它融入大海,就可以借助大海的力量去创造奇迹,和大海一起掀起滔天巨浪,无所不能。

每一个人也是一样,个人的力量终归是有限的,只有把自己很好地和团队融为一体,才能让自己得到最好的发展。

这就好比一盘散沙,尽管它金黄发亮,也仍然没有太大的作用。但是如果建筑员工把它掺在水泥中,就能成为建造高楼大厦的水泥板和水泥墩柱;如果化工厂的员工把它烧结冷却,它就变成晶莹透明的玻璃。单个人犹如沙粒,只有与人合作,才会起到意想不到的变化,成为不可思议的有用之才。一个人只有学会与人合作,掌握这种能力,才能让自己的事业不断向前。

在美国,一位教授曾对 1500 名获得了杰出成就的人物进行调查和研究,结果表明他们具有某些相似的特点,其中之一就是具有团队合作精神,决不因个人利益而破坏集体利益。团队造就个人,个人成就团队,个人与团队是分不开的。没有团队的成功,就没有你个人的成功。

要融入团队,就要在工作中保持谦逊,培养团队合作意识。无论你的能力多么出众,多么受到上级的赞赏与肯定,都应保持谦逊,切莫在同事面前炫耀功绩,恃才傲物。要知道只有团队的支持和帮助才能成就你,没有人可以完全不借助他人的力量而获得成功。可以说,任何任务的完成都是大家团结协作的结果。

在个人利益与团队利益发生冲突时,要以团队利益为重。因为个人只是团队的一分子,个人的存在是以团队为前提的。有了团队利益,才会有个人利益;反之,团队没有了存在的价值,个人就失去了生存的环境。

融入团队也是一个双向的过程,就要让团队接受自己,自己也要接受所在的团队。这就要求每一个人要淡化自己的个性,形成统一的团队中去。只有融入团队才能更好地发挥自己的才华,取得成功。不能融入团队,必然对自己的前途产生影响,有时甚至不得不重新再去找工作,这对于现在就业这么难的情况下显然付出的代价太高了。

刘军是一名营销专业的大学生,他不仅长得帅,而且还能说会道,口才不错。毕业后,他在一家大型健身会所当业务员。工作没多久,由于他各方面的优势,很快就做出了业绩,深得老板赏识。照理说,刘军是很有前途的,但他有个致命的缺陷,就是不能和同事合作。

一天,同事杜涛问刘军:"你待会儿有没有时间?我刚联系到一个客户,是个大客户,打算一次性办三年的健身卡。我怕自己口才不大好'攻'不下来,想请你帮忙,以便拿下这个客户。"

"我待会儿也要接待一个客户。"刘军冷冷地说。

但是那天下午,刘军却一直在发传单,并没有与客户洽谈。杜涛看到后心里非常愤恨,一心想团结周围的"兄弟"们把刘军"开除"出去。

不久后,刘军也遇到了工作上的困难,因为感冒,他几天都无法接待办卡客户,便赶紧打电话请杜涛他们帮忙接待一下。杜涛想起了他以前的冷漠,便以牙还牙,而其他同事也对刘军的客户爱理不理。

几天后,刘军感冒好了,回到公司后发现业绩损失很大,于是他对同事们产生了更大的怨恨,以后更加不愿意帮周围人的忙,和杜涛等人的关系一直处于紧张状态。就这样,刘军与同事之间的人际关系形成恶性循环,业绩一步步下滑。他感受不到一点快乐,每次进会所都倍感压抑,最后只得无奈地选择了离开。

刘军的"离开",再一次印证了一个道理:不能融入团队,就不能在职场混下去。那种只顾自己、不顾别人的员工,是不会受老板和同事的欢迎的。想要得到同事的认可、上司的欢迎,除了努力工作之外,团队精神不可或缺。如果刘军一开始就能够和同事们配合好,在杜涛需要帮助时主动帮忙,那么他的最终结果就不会那样无奈。所以,对于职场人员来说,从进入公司的第一天就应该注重团队精神的培养,把自己融入到团队中去,学会配合上司与同事,从而也赢得他们的配合,才能与团队一起成功,与同事共同成长。

只有把自己融入到团队中去的人才能取得大的成功。融入团队就像给自己插上了翅膀,广阔天空,将任你翱翔。

4　一个人的100%远远不及100个人的1%

保罗·盖蒂曾经说过:"我宁要一百个人的1%,不要一个人的100%。"因为他知道,一个人的100%永远比不上100个人的1%。

我们所处的这个时代已经成为一个合作时代,一个团队时代。因而团队意识和合作精神成为现代人成功的重要法宝。要让自己很好地与团队融为一体,首先就一定要摒弃个人主义,抛开"独行侠"的思想,要和"狂妄”、“自视清高”、“刚愎自用”坚决作别，代之以“众人拾柴火焰高”、“众志成城”、“齐心协力”的团队意识。

但是我们经常会见到这样的一些员工，只工作不合作，宁肯一头扎进自己的专业之中，也不愿与同事有密切的交流。埋头做好自己的工作、“扫好门前雪”是没错的，但如果只局限于自己的门前，而忘掉团队精神，那是不行的。优秀的员工除了做好本职工作以外，还应多想想团队中的其他成员，不能“各人只扫门前雪”。要知道，协作才能取得成功，彼此各自为政终不会成就任何事业。

一家大型企业需要招聘一名部门副经理，人力资源部以“职位说明书”为依据，经过综合面试和考核，最终录用了张刚。

因为张刚工作经验丰富，专业技能和知识全面扎实，执行能力较好，且有 4 年的同类岗位工作经历，完全符合“职位说明书”中拟定的要求，属于“完全达标”的人。

张刚上任后，确实表现出很高的工作热情，经过近一个礼拜的了解和熟悉，把工作中存在的一些问题向部门经理赵军提出意见和建议。然而，由于两人在工作思路以及某些问题的看法上存在差异，张刚的建议未能得到认可。两人没有就提出的问题进行有效沟通，而是暗自较上了劲。在张刚进入公司的一个月中，两人不合的情况发生了好几次。张刚认为自己不受重视，工作热情急剧下降，与赵军的分歧也越来越严重，经常因工作中意见不一致发生争执，甚至公开争吵。结果员工得到的工作指令和要求无法统一，从而无法开展工作，也给部门工作的正常开展带来不良影响。后来人力资源部和相关领导积极协调，但张刚还是不能改变思路和赵军言和，无奈之下，公司只好决定让他离开。

很显然，张刚的离开正是犯了不懂团队协作的大忌，如果他能在领导多方协调后改变一下工作思路，也许就可以拥有这个好职位。毕竟赵军是“内部人”，不可能被辞退。这个故事再次印证了一个道理：即使一个人的能力再强，如果不懂得与团队成员协作，不仅难以做好自己的本职工作，甚至还会给团队带来负面影响。

有的员工尽管很优秀，但难免有一些"英雄主义"的倾向。虽然在很多关键时刻，"英雄主义"发挥着至关重要的作用，它可以使公司顺利渡过难关，可以激励全体员工士气，甚至可以从乱军之中取上将首级。但是单凭几个"英雄"仍然无法赢取整场战争的胜利，商业战争就像球场上的对决一般，足球运动靠的是全队的配合，大牌球星虽然能帮助球队扭转时局，但是球场上的常胜将军仍然是配合最好的球队。况且，"英雄主义"极易引发"个人主义"的不良作风，即不顾公司整体利益，只顾个人的功劳大小，无视他人的配合协作，一味地追求自我，瞧不起任何人，这种恶劣的风气一定不会走得长远。

有一位能力很强的员工，在一次与客户的谈判中表现突出，为公司创造了良好的效益，并受到总经理的高度赞扬。这次谈判使他感觉自己能力超群，总经理的赞扬使他觉得自己非同一般。在日常工作中，他开始不和同事们交往、沟通，一副自高自大、目中无人的样子，在公司里独来独往。

这位员工的态度使得同事们渐渐疏远了他，谁都不愿意与他合作。于是，他成了被孤立的人，在许多事情上都陷入极其尴尬的境地。后来，由于他判断失误给公司造成了巨大的损失。同事们的讥笑、总经理的恼怒，使他无法再继续待下去，他很不体面地自行辞职离开了公司。

公司就是一个团体，团体的发展不是靠个人，而是靠每一个人的力量。当无视他人力量存在时，"英雄主义"是一件很可怕的事情，因为，从公司长远发展来看，"英雄主义"只能胜一时，团队的力量才会胜一世。所以，相信团队，依靠团队，不断打造团队的力量，才是最终胜利的法宝。

迈克尔·乔丹，这位篮球史上最伟大的球星，一直坚守团结合作的职业精神，在每一场比赛中都和队友们倾力合作，团结一致地去争取胜利。他从来没有认为自己有多了不起，而是把成绩归功于团队，他们团队里的皮蓬等一大批NBA巨星才甘于充当配角，紧密地团结在他周围，为公牛队取得一个又一个冠军。

迈克尔·乔丹在结束自己的篮球生涯时说："在别人看来，我站在篮球世界的顶端，每当听到这样的赞美，我都感到惶恐。我取得的所有成绩都是和队友们以及教练一起努力的结果，还有赞助商和支持、鼓励我们的球迷们，荣誉属于你们每一个人，我只是幸运地作为代表，一次次地领取奖杯。"

对于一个团队而言，如果团队成员只考虑自己的工作，而不去关心别人，就很可能会出现问题。

而摒弃个人主义，把自己融入团队，真诚合作，真心奉献，团队的成功也就是你的成功。

5 以真诚之心完美合作

如果说工作是一部大机器，员工就好比是每个零件，只有各个零件凝聚成一股力量，这台机器才可能正常启动，只有每一个员工的完美合作，才能有企业的最终成功。

团队成员的协作贯穿到每一件工作中，无时不在。很多员工都具有团队意识和合作精神，但总是无法与同事很好地协作，特别是一些刚刚工作的员工，更是因为这个而深深苦恼。其实，要与同事建立完美的协作关系，秘诀只有一个：真诚。

是的，就是真诚。真诚是天底下打开心门的唯一一把钥匙。如果你拥有真诚，及真诚之心对同事，用真诚之心对工作，你一定可以如鱼得水，八面玲珑。我们看一看一位职场新鲜人的故事：

都说北京找工作多难，对我来说真没感觉。来北京参加的第一次招聘会，就有一家挺知名的外企通知我面试。当时北京的朋友说进这家公司,凭我的学校背景和学历希望不大,我就抱着"谋事在人,成事在天"的心理去了。

到了这家公司的人力资源部,他们先问了我一些基本情况,那个人力资源部的主任就拿着我的简历问我:"我看你有些专业课成绩很高嘛,你的古代文学是90多分,还有现代汉语。"

我笑了笑说:"当时就是按老师说的重点背就是了,差不多都是死记硬背,现在让我再背什么唐诗宋词我也背不上来。"

"你倒说实话。"他也笑了。

出乎意料这家公司聘用了我,后来和那位人力资源部主任一起吃饭,他说:"你知道为什么选你吗?因为我当时觉得你很实在,很真诚,没有那么多心机。"

真诚的心是在职场、在官场甚至在所有的场合都畅通无阻的万能通行证。与同事的合作也是一样,如果拥有的是真诚,一定会有真诚的回报。虚情假意或者偷奸耍滑都不是合作的态度。唯有真诚合作,才能赢得真正的。

柳伟是一家文化公司的策划,很有才华,他的不足之处就是有些恃才傲物,常常对老板的一些方案颇多微词,有种不屑的感觉。但碍于情面,他又从来不当面向老板提出自己的建设性意见。这种情况很快被老板知道得一清二楚,专门找他谈话,客气而委婉地让他有什么想法不妨直言,并拿出一个方案和他探讨。这时,柳伟说:"老板,你的创意很不错,尽善尽美。"

老板沉下脸说:"柳伟,我请你来是做'高参'的,不是做'好好先生'的。你很有才华,但我们公司是一个集体,你只有融入这个集体,才能将才华发挥出来,我们大家也才能将公司发展起来。你这样的工作思路以后还怎么帮助公司发展啊?"

经过一段时间的心态调整,柳伟听从了老板的建议,敞开心扉,真诚相对,很快就针对那天老板的方案提出了一个好建议,获得了老板的赞许。此后柳伟不断发挥创造性,积极配合老板

和其他同事提出有建设性的建议。一年后，他被老板提升为策划部总监。

真诚是合作的基石，也是成功的前提。当你对一个人真诚的微笑，他也会对你报以真诚的微笑，当一个团队的成员都能互相报以真诚的微笑时，我们会发现，每个人和整个组织都获得了一种无与伦比的力量。它使我们中间的空气充满激情，他使我们的工作不再枯燥和乏味，它使艰巨的目标不再高不可攀，它使我们拥有了坚不可摧的信心和意志，使我们去克服重重困难，并取得以前无法想象的惊人成就。因此，每个成员都要真正的以一颗真诚无欺的心，与已为善，与人为善，才能快乐的工作，完美地合作，从而为员工、为客户和社会创造价值，从而推动企业的成长和发展。

发自内心的，才能深入内心，只有内心的真诚，才能真正的取得共鸣，才能真正得到大家的认可，才能完美地合作，在团队成功的同时，也为每一个团队成员的成功展现出亮丽的彩虹。

第十一章　谦虚:虚怀若谷的气度

谦虚是美德,所谓君子品行,谦谦之风;谦虚也是一个人人格成熟的重要标志,因为谦虚的人懂得山外有山,天外有天,因而他们从不张狂自傲,说话留有余地,做事脚踏实地。谦虚更是生活的智慧和成功的前提,“虚心的人十有九成,自满的人十有九空。”拥有谦虚的品格,才能通透事理,才能有所发现和创造,才能获得成功。

1 谦虚是人格成熟的重要标志

谦逊是一种优秀品质，是成熟的标志。

一位路人问智者："您是喜欢挺直的麦穗，还是喜欢低头的麦穗?"智者说："我喜欢低头的麦穗。"路人问："为什么?"智者说："因为，低头的麦穗是谦虚的，同时也是成熟的。也正因为它非常地谦虚，所以它才能够成熟。"一个简短的故事道出了人生的真谛——谦虚是成熟的标志。因为成熟才会低头，因为低头而果实累累。

民间有句非常贴切的谚语：低头的是稻穗，昂头的是稗子。越成熟越饱满的稻穗，头垂得越低。只有那些没有果实的稗子，才会显摆招摇，始终把头抬得老高。

谦虚也是一种良好的修养。所谓君子品行，谦谦之风。谦虚的人懂得山外有山，天外有天。因此，他们说话留有余地，保持一种低调；做事脚踏实地，不惜付出十二分的努力。谦虚的人在取得成功时会告诫自己：一山还有一山高，所以他们会不断地充实自己，让学习不断进步，让事业不断腾飞；而骄傲的人常常会满足于一得之功，一孔之见，取得点滴成绩就沾沾自喜，认为自己很了不起。所以，我们常常看到，那些成功者，特别是那些一直成功的人，都有着谦虚的品格，低调而踏实地做着自己的事业。

许多人敬佩姚明，除了他的勤奋和努力，就是他的低调和谦逊了。

姚明的谦虚是他的魅力之一。从参加 NBA 的第一天起，这种谦虚就成为了姚明的招牌之一。姚明大多时间沉默，甘心做他的"蓝领"和麦迪的"绿叶"。只是在这沉默的背后，勤奋的努力和刻苦的汗水从来没有少过。因为勤奋，因为谦虚，姚明的 NBA 生活开始从默默无闻渐渐有声有色起来，从 0 分到爆发进入"20＋、10＋"俱乐部，姚明完成了角色的转变，他越来越重要，从球队的“重要领袖”变成了“主要领袖”,只有他的谦虚一如既往。

队友摔倒了,姚明多是第一个上去扶起来的人;对手倒了他有时候也会上去扶起来、对手对他犯规了他有时候不仅不发怒,而且还对对方以示友好。这就是姚明,这就是被好些人抓住不放的“软蛋”的地方。可姚明不计较、他一如既往。用自己比赛中的实际行动改变着队友、对手对他的看法!他从队友眼中的“老好人”变成了球场上的“绅士”,他从对手眼中的“软蛋”也变成了“值得尊敬的对手”!何苦争一时之短长?受到挑衅时对对方的蔑视和比赛上用表现回击对手远胜过对对方的拳脚相加的报复。该“霸气”时的“雅典奥运会”和“2006 篮球世锦赛”上姚明绝对“霸气”!需要呐喊时他也一定会站出来!这就是姚明!

“谦虚”不是“软弱”,谦虚是一种力量!是一种在积蓄自我等待爆发的人格力量!相信姚明一定会越来越好!不仅是因为他的球技越来越好、更是因为他赢得了对手的尊重、他的低调的为人也赢得了自己队友的尊重。赢得了麦迪的“传球”和“甘做姚明的绿叶”。“不争其实就是争”,姚明用他的智慧诠释了中国、诠释了“姚麦领袖之争”谁是最后的胜者。他用他的谦虚和努力努力赢得了 NBA 比赛场上的一席之地,他也用他的球技和人格获得世界上许多人的钦佩!

谦虚是成熟的标志,谦虚也是优秀的品格。谦虚不是一种刻意的处世作秀,也不仅是一种修身态度,更是一种理性的角色定位,是一种达观的知己知彼,是一种明辨是非的自信淡定,是一种与人为善的体谅宽容,更是一种成熟通达的标志。谦虚的人有一种豁达大度的胸怀,有一种奋进的精神,谦虚的人不会让自己浮躁和轻狂,不会争一时之短长,因为他胸怀宽广,眼界高远,因为他成熟、睿智、坦荡而达观。

谦虚的反义词是浮夸和虚荣。浮夸和虚荣腐蚀人性,但几乎没有人逃得过它们的诱惑。避免虚荣的秘诀是:勿苛求自己,勿强调成功。诚如英国宗教家康庇斯所言:“对自己的光荣丝毫不引以为豪,你就是真正的不凡。”

2 任何时候都不要自傲张狂

《尚书·大禹谟》中说:“惟德动天,无远弗届,满招损,谦受益,时乃天道。”故此以“满招损,谦受益”来说明骄傲自满招致损害,谦逊虚心得到益处。宋代陈师道《拟御试武举策》:“君子胜人不以力,有化存焉,化者,诚服之也。故曰:满招损,谦受益。”谨慎谦虚是古人看重的美德,也是处世的智慧。

厚实的人生,其厚度和深度都是需要积累的。山脊分水是因为它高傲,山谷蓄水是因为它深沉。人生也一样,骄傲自满者,必为人所厌恶,唯有谦虚之人,才能受人敬重。戒骄戒躁,谨记“满招损,谦受益”,为人低调内敛,虚怀若谷,就是成功之道。

人生是如此,职场也是如此,晋升了更应如此。有功劳有成绩时万不可骄傲,自以为是。一个人再有才华也必须要有谦虚的风度才可以不招嫉妒,不受损伤。古人称:“鹤立鸡群,可谓超然无侣矣,然以观于大海之鹏,则渺然自小,又进而求之九霄之凤,则巍乎莫知山外有山,人外有人。”在做学问做人时,要以“谦”字铺路,谦虚、谨慎、不骄不躁,在官场就能官运亨通,在职场必然顺风顺水。而自傲张狂、趾高气扬,不懂得藏锋敛芒,谨言慎行的人是难以成功的。

在职场,无论你有怎样出众的才智,一定要谨记:不要把自己看得太了不起了,不要把自己看得太重要,不要把自己看成是天下救国济民的圣人君子,还是收敛起你的锋芒,夹起你的尾巴,掩饰你的才华。这样既能有效地保护自己,又能充分发挥自己的才华。倘若不尚中庸,恃才自傲,张狂自大,大祸不远了。《三国演义》里写杨修之死就是恃才张狂引发祸端的典型。

所以,为人不可张狂,要知道内敛,懂得藏锋,才能左右逢源,进退有致。有了一点点成绩,或是取得了一定的成就,就开始骄傲自满,开始目中无人,开始张扬自得,终归会惹得大家心中愤恨,招来上司的不满,同事的嫉妒,客户的怨懑,以致毁了自己的前程。

如果你是个成功人士,何必张扬到市井街巷,尽可以窃喜,低调地陶醉。如果你优秀,何必像乳臭未干的孩子,唯恐世人不知道,急于张扬自己的得意呢?

过于张扬,烈日会使草木枯萎;过于张扬,江水会绝堤;过于张扬,会使我们变得疯狂,偏离生活的轨道。过于张扬就成了张狂,张狂是幼稚的表现,可能会让你跌入万丈深渊。

在一次会议上某集团公司市场总监,提出了要裁减行政人员,增加市场部工资的提议,老总皱了皱眉头,要求他陈诉原因。他说,市场部是利润创造部门,不客气的说是我支撑着整个公司的运作,其他部门不过是花架子,要不是我这几年的努力,公司根本发展不了这么大,是我在养着公司,不是财务部、企划部、行政部,相反他们是利润消耗部门,因此,要加大对市场部的支持,裁减行政人员。

此言一出,会场哗然。几乎所有的人都情绪失控地向老总诉说自己在公司的重要位置。而老总只是静静地看着会场,一言不发,最终被群起而攻之的市场总监大怒道"我不干了,看你们没有了市场部,离开了我,还怎么盈利。"

市场总监自信满满的离开会场,去游说他的下属们辞职,结果意料不到的是,没有人愿意继续追随他。

他不知道,因为他向来居功自傲,从来都是把业务人员的能力归于自己名下,既不懂得感恩其他部门的配合,也不懂得感恩业务员的努力。

他没有想到,在最后一刻,所有人都弃他而去。

事后,公司老总说,任何一个公司都需要一个品行端正、不

居功自傲、懂得进退、谦虚谨慎的中层干部，而不是一个张狂自傲、有了成绩就要回报、不懂得谦虚的干部。

谦虚是一种力量，只有谦虚才能进步，只有谦虚才会成功。领导者的谦虚精神会直接影响到员工，当企业逐渐强大起来的时候，领导者更需要以谦虚的精神处事待人，以谦虚的力量去激励企业和员工的进取精神。所以领导更需要谦虚。没有谦虚谨慎的态度的人是不适合当领导的。

张扬未必长久，谦恭未必短暂。对于做人来说，还是低调谦虚些好，不显眼的花草少遭摧折。谦虚，反倒能心无旁骛，专注做好眼前的事，从而成就自己的未来！

3 时刻保持谦虚

时刻保持谦虚，是一个人的优秀品质。

在当今彰显个性的现代社会，很多人都认为谦虚已经过时了，事实并非如此。诚然，适度的自我表现是必要的而且是必须的，但是这绝不是说，要时常把自己的功劳挂在嘴边，走到哪说到哪；那样做就未免太有点过分了。

然而许多公司员工不懂得这种心理，他们往往希望自己引人注目。于是就到处夸耀自己的学历、本事、才能，而不想想，如果别人相信，形成心理定势之后，当你工作出了差错或失误，就会被人瞧不起。

试想，如果一个本科生和一个博士生做出了同样的成绩，人家会更看重谁？人家会说本科生了不起，你博士生的学历高，理应本领更高些，可你跟人家一样，有什么了不起的？心理定势是难以消除的。

所以，刚走上岗位或新岗位的员工，不应当过早地暴露自己，在你默默无闻的时候，你可能会因为一点成绩一鸣惊人，这就是深藏不露的好处。如果交给你一项工作，你说："我保证能够做好！"几乎和说"我不会"一样糟糕，甚至更糟。你应当说："让我试试看。"

结果你同样做得很好,可得到的评价会大不相同。谦虚永远是人的美德,任何时候都不能摒弃。

印度非常著名的佛学院有一个奇特的习惯。凡是要到该学院就读的学生,第一次入学时,必须要从一个奇特的小门里进入。这个小门很窄,而且高度很低,因此,从此门进入者必须侧身弯腰低头才能够通过。该学院为新入学者设置此门的用意,就是要教诲人们生活中不会一帆风顺,要学会该低头时就低头,不耻于低头做人,从而避免不必要的伤害。

在柳传志的办公室有一尊低头的铜牛,据说当时在铸造铜牛的时候,让柳传志选择昂头还是低头,他选择了低头。而铜牛基座上的"蓄势"二字,彰显的不仅是一种低调和谦虚,更是说明其中蕴藏了无限的力道。

由此可见,每个杰出企业家都曾经历过不平凡的风雨,所以他们更明白时刻保持谦虚的重要性,更明白有了成绩更应该谦虚。

当你被上司提升或嘉奖的时候常常会自鸣得意吗?如果是,那你就要好好学一番涵养的功夫,把你那因升迁而引起的过度兴奋压平下去才好。

美国汽车大王福特曾说:"一个人如果自以为已经有了许多成就而止步不前,那么他的失败就在眼前了。许多人一开始奋斗得十分起劲,但前途稍露光明后,便自鸣得意起来,于是失败立刻接踵而来。"

石油大王洛克菲勒也说:"当我的石油事业蒸蒸日上时,每晚睡觉前总是拍拍自己的额头说:'别让自满的意念,搅乱了你的脑袋。'我觉得我的一生受这种自我教训的益处很多,因为经过这样的自省后,我那沾沾自喜、自鸣得意的情绪,便可平静下来了。"

希腊有名的雄辩家戴摩斯说:"维持幸福,远比得到幸福难。"同样的道理,好业绩来得不易,但更难的是在于如何保持好业绩。

因此,即使是你的运气极好,也莫要得意忘形,依然要保持谦虚谨慎的态度,更加积极奋发,以使成绩永保不败。

当然我们说的谦虚和低头并不是无原则的一味迁就,对原则性的利益之事,必须据理力争,这并不会影响你的谦虚的品格,而是你另一种优秀品格——进取的直接表现。

李嘉诚就做的不错,李嘉诚的事业做得越大,就越是非常小心地做人,甚至不想让人感到自己的存在,更不愿让竞争者觉察出自己对他们的威胁。但对企业发展有利的事,该出手时一定出手,则不会在意别人的言论或是媒体的看法;史玉柱在大起大落又大起之后,深刻地总结出了“民营企业的13种死法”,而且现在变得非常地小心谨慎,但他依然在大胆地奋进,这是经验给予他的成熟和谦逊;还有一些企业“大佬”们,生意已经做的很好了,外界对他(她)的姓名却稀有人知,至今一直是“潜水冠军”……

一位著名的企业家曾这样说过:“当你经过千辛万苦使你的产品打开市场后,你最多只能高兴5分钟,因为你若就此高兴下去,第六分钟就会有人赶上你,甚至超过你。”所以,要时刻保持谦虚,保持警惕,保持进取,才能永远进步,基业常青,职业常青。

第十二章　节俭:通行世界的美好品德

“俭可以成家,俭可以立身”,节俭不是小气,不是吝啬,而是一种操守,一种素养,一种爱物惜物的精神,一种通行世界的美德,更是我们每一个人都应当拥有的高尚的品格。

1 节俭是美德，更是责任

节俭，是我国人民的传统美德，是我国代代相传的修身齐家治国的美德。古代圣贤尧、舜、禹都是克勤克俭的典范，他们对于国家大事尽心尽力，自己的生活却十分节俭，经常穿着粗布衣裳，吃粗米饭，喝野菜汤。正是由于尧、舜、禹在事业和生活上勤劳和节俭，才赢得了百姓的拥戴。

节俭历来就是中华民族的传家宝，“国以俭得之，以奢失之。”“俭则可以成家，俭则可以立身。”“一粥一饭，当思来之不易；半丝半缕，恒念物力维艰。”这些闪烁着哲理光芒的箴言是中华民族代代传承的精神财富，也是中国老百姓世代相传的治家格言。他们或许不清楚这些名言警句的出处，但他们深深理解其中的含义，并以此作为信条来治家处世、教育子女。

节俭，是一种操守，一种品行，一种素养，一种美德，是中华民族的优良传统。在物质较为丰富的今天，戒奢以俭，不靡费财物，仍是值得我们崇尚的美德。

世界上的任何财富，都是劳动者以自己的心血和汗水创造的。珍惜这种创造的成果，不仅是对社会财富的爱护，也是对劳动的尊重、对创造的尊重、对劳动者的尊重。这种创造的成果积累得越多，社会就越发展、越进步、越文明。在这个意义上说，节流(俭)和开源(勤)都是推动社会进步所必需的。勤俭作为一种品格，一种精神，一种高尚品德的意义就在这里。

节俭不仅是美德，更是一种责任。1942 年，在意大利米兰市举办了第一次世界节俭会议后，就决定把每年的 10 月 31 日作为世界勤俭节约日，勤俭已成为全世界人民的共同准则，因为节俭不仅仅是美德，更是每一个人的责任。对于一名员工而言，为企业节约节俭，就是每一位员工必须承受的义务和必须担负的职责。员工作为企业的一员，不仅在利益上与企业是一个利益共同体，省下的每一分钱不仅是企业的，也是每一个员工的，为企业节俭其实也是在为自己省钱。

每一名对企业有责任感的员工,都会把企业当成自己的家,会尽最大努力完成自己的每一项工作,把浪费降到最低限度,小心地使用设备和服务设施,高效率地利用好自己的时间。这样,不论是开动一台机器,还是进行一次车间服务,或者是在办公室打一封信件,员工都会最大限度地为企业节约每一分钱。

每一个员工的节俭都会推动公司的成长,每个员工的节俭都会为公司的进步增添一份力量,自身节俭和促进公司的发展是每一位员工义不容辞的责任,只有懂得节俭的员工才能为公司创造更大的价值。如果你是这么想的,也是这么去做的,那你就会成为公司的重要员工,获得晋升,得到重用。

任何一位老板,都喜欢为企业省钱的人,无论生活中的老板本人是多么的大方豪爽。华为的老板任正非,就是一个特别讲究勤俭节约的人。他不仅要求员工节约每一分钱,他自己也是一个身体力行、厉行节俭的典范。

> 1996 年 3 月,为了和南斯拉夫洽谈合资项目,任正非亲自率领了一个十几人的团队,入住南斯拉夫首都贝尔格莱德的一家五星级酒店——香格里拉。为了体面,为老板开了一间总统套房,每天将近 2000 美元。但是,他们还是精打细算,把总统套房的几个房间都充分利用起来——晚上打地铺,早上早早起来让服务员打扫卫生,以便白天会见客人。
>
> 2001 年初,任正非第一次抛出《华为的冬天》。信息产业部统计数据亦显示,2005 年前十个月电子百强企业平均营业收入利润率仅为 1.8%,下降到历史最低点。于是,2006 年初开始,擅长做思想政治工作的任正非再次散布"冬天论"。
>
> 创业难,守成更难。任正非预言,华为将要面对可能持续 5 年的冬天,所以需要一支"敢于在上甘岭爬冰卧雪"的军队。
>
> 任正非说:"未来 3～5 年是整个产业最困难的时候,公司全体上下一定要勤俭节约。我们现在面临着很困难的局面,全行业毛利率下降,客户对价格有完全的话语权,说降价我们就只能降价,即使送也很难,一些业界喊得很响的战略市场几乎没希望

赚钱。所以我们不能被销售规模的增长迷惑了，以为形势一片大好，其实近几年的经营性净利润率在不断下降，去年已低于8%，而鉴于研发、市场都必须持续高投入的行业特点，经营性净利润率低于6%就很难支撑了，所以现在这个盈利水平，我说给客户听，他们都表示吃惊。如果我们现在还不学会勤俭节约，将来的日子是过不下去的。

“我们一定要把费用降下去，并且和奖金挂钩。总体费用的增长率不能超过公司收入的增长率，总体费用率要在去年的基础上下降1～2个百分点，公司的费用降不下去，公司全体的奖金打折扣。

“我们还是要做艰苦奋斗的准备。我们不是什么富裕阶级。有的主管已经把自己当作富人，带动了整个地区部的消费水平急剧上升，结果搞行政服务的人就有13个人。人增加了，就要给这些人增加服务，增加了服务人员，还要给这些服务人员增加服务。这样做的结果，大家都比赛，没有好的生活条件就不出国了。因此选拔干部过程中还是要看思想品德中有没有艰苦奋斗的精神，我要的是敢于在上甘岭爬冰卧雪，我才能提拔你为将军。将军当然要能打仗，但只能在爬冰卧雪中去培养。不愿意爬冰卧雪的我们就不认同，就不给你这个机会。”

节俭是员工的责任。一个不负责任、没有责任心的员工只会给企业带来损失，这样的员工，是绝不会有任何老板欣赏欢迎的。

事实上，节俭并不是一件很难的事情，谁都可以立刻实行，在什么地方都可以马上开始。关键看你是不是把节俭当成了自己的责任，而且是不是真正负起了这个责任。

2 视节约为已任

企业与员工事实上结成了利益上的共同体。只有企业获利，员工才会最终获利;也只有员工获利,企业才可能实现可持续的发展,为企业节约,其实也就是在为自己谋利益,节俭是员工和企业的双赢。俗话说“大河有水小河满,大河无水小河干。”企业就是大河,大河无水,那员工们的小河当然也会枯竭,这是浅显不过的道理,也是企业与员工之间共生互惠关系的形象比喻。

因此,节俭不是哪一个人的事情,而是我们每一个人的事情。假若每一个员工都把节俭当作是自己的事情的话,企业和员工之间就可以达成节俭的共识,从而共同营造一种节俭的良好氛围,那么企业就能够长盛不衰。

所以,一名员工要有“随时随地为企业节约”、“为企业节约就是为自己谋利益”、“我有为企业节约的责任”、“节约就是负责”的理念和认识,并切切实实地落实到自己的行动中去,尽最大努力完成自己的每一项工作,做到极少的浪费,甚至不浪费,小心地使用公司的设备和服务设施,主动自发地去改造设备和创新工艺,为公司节约每一分钱。这样做,获益的绝不仅仅是企业,必然还会有他自己。

有一个年轻人在国内某汽车制造公司工作,他是焊接工,所做的工作就是焊接车底盘的部件。整个车间是流水作业,车底盘由传送带自动输送,在他这道工序要停留 5 分钟,他必须在 5 分钟内用 6 根焊条焊接完全部部件。公司一直为自己的自动生产线而感到自豪,以为省工省料。而他却认为在他这道工序上还可以再改进,可以再节省一些。他每天观察自动生产线的传送,计算焊条的用量,并思考改进的办法。

经过长期的观察和计算,他突然想到:假如能将焊接点击次数减少,是不是能节省点成本呢?于是,他经过一番思考和钻研,终于找到一种比原来少点击 7 次的焊接方式。每个底盘少点击 7 次,看上去微不足道,但一天下来仅他一个岗位就可以节约 3 根焊条,整个车间一天便可以节约 300 条焊条。

他的改造十分完美,公司给了他很高的评价,也给予了他相应的奖励。不久后,他得到了公司董事会的关注,很快在公司里得到了提升。

我们经常看到一些公司的职员，他们在为单位或者公司办事情的时候，总是大手大脚，从来不会去节约一分一厘，甚至还有人想方设法从中给自己捞取利益。一些人由此养成了浪费和贪污的习惯。就是这些损公利己的人，给企业造成了很多不必要的浪费和损失。然而，我们会发现，这些人最终都没有很好的下场。因而作为企业的一名员工要养成积极主动为公司节约每一分钱的习惯，不要浪费公司的每一分钱，只有这样才能够使企业盈利，才能使自己得到一个更大的发展空间。

小王和小李两人到一家公司应聘，一路过关斩将，进入了复试阶段。招聘公司总经理交给小王一项任务，要他去指定的商场买一打铅笔。距离要去的商场只有一站路，总经理建议他乘公交车去，自己买车票，回来报账。

过了一会儿，总经理又吩咐小李去那家商场买一瓶墨水。

他们两个先后都回来了，在总经理面前报账。小王除了买铅笔的钱，来回坐车的钱是 2 元。而小李除了买墨水的钱，来回坐车的钱是 4 元。原来，时值盛夏，天气酷热，小王坐的是普通公交车，所以票价是 1 元，而小李坐的是空调公交车，上车就要 2 元。

最终，总经理留下了小王，小李很困惑：为什么自己被淘汰？经理告诉他，公司需要有节约意识的员工，每个员工花公司的钱要像花自己的钱一样，这样公司才会节约更多的成本，也就有更多的资本来发展、壮大。

对于企业能否节约成本，以及将成本节省到何种程度，员工有很大的决定权。很多企业虽制定了很好的成本压缩制度，但没有得到员工的支持，结果没能取得成效。所以，要想节约成本，关键是员工要具备节约的品质，把节约当成自己义不容辞的责任来对待。作为一名员工，一定要高度树立“花公司的钱要像花自己的钱”的意识，视节约为己任，随时随地想着为企业节约每一分钱每一滴水每一张纸。当你把节约当成自己的责任，当你拥有节俭的品格后，你也会慢慢从中得到益处，相信你的老板会更信任你、重用你。

很多公司不缺少能干的职员,缺少的是那种为公司节约每一分钱,与公司共命运、视为公司节约为己任的人。任何时候,公司都会重用那些愿意为公司节约的人。

3　养成节约的习惯

每一名员工,都要在工作和生活中提高成本意识,养成为公司节约每一分钱的习惯。这不仅是一个人个人素质和品格的优秀表现,更是一个员工成长甚至成功的重要因素。

因此,作为企业的一名员工要养成积极主动为公司节约每一分钱的习惯,不要浪费公司的每一分钱,只有这样才能够使企业盈利,才能使自己得到一个更大的发展空间。

养成节约的习惯,就会不管是一张纸、一滴水、一度电、一分钱,都会主动去节约。而不会认为这是“寒酸”、“小气”,是“吝啬”,不会把这当成一件小事而不屑一顾,而把这当成一种光荣,这是一种精神,也是一种品质。

习惯是慢慢养成的,任何习惯的培养都需要一个过程。所以节俭的习惯也需要我们从日常生活中的点点小事中去培养,去形成节俭的习惯。在日常小事中开始节俭,从节约一张纸、一滴水、一度电开始。比如,平时必须用空调时,可根据电表校验规定的温度合理设定空调,下班前关闭空调;冬季不使用移动式采暖设备;白天应充分利用自然光照;合理使用电脑、校验台体等设备,不使用时应及时关闭其电源;杜绝“长流水”,加强水的循环利用和重复利用等。具体我们可以从下面的小事中培养节俭的习惯。

(1)节约每一度电。做到随手关灯,人走灯灭;人走电器关;电脑不用时将它调至休眠状态或关掉;早晨办公室光线太暗,可打开灯,此时开灯可以提高工作效率,对眼睛又起到了保护作用;中午太阳升起来了,屋内光线充足的时候,注意及时关灯。

空调的设定温度每降低1℃,耗电量就会相应增加10%。一般来说,既省电又降温的最佳温度是26℃。夏季办公楼空调温度应设置于26℃～28℃,因为在这个温度范围内,既能保持人体机能的正常水平,又能达到最佳的省电效果。

(2)节约每一滴水。水龙头用后及时关闭,及时修理水管水箱,杜绝滴漏水的现象。

(3)节约每一个电话。不用公司电话聊天、谈私事;提高打电话的效率。打电话时最好在拿起话筒前拟一份简明的通话提纲,重要内容一字不差地写在提纲上。这样做有利于保证通话内容的准确、完整、精练,节省通话时间和提高通话效率。

(4)节约每一张纸。复印纸、公文纸统一保管,按需领取,节约使用,尽可能双面打印或复印,公共卫厕使用的卫生卷纸勤俭节约,禁止盗拿。要在办公中节约大量纸张。平时工作所必需的表格等,最好改成双面打印,这样就可节省一半的纸张。缩小页边距和行间距、缩小字号。在非正式文件里,可适当缩小页边距和行间距,缩小字号。可“上顶天,下连地,两边够齐”,对于字号,以看清为宜,能用五号字的不用小四号字,能用小四号字的不用四号字。在打印时,能不加粗、不用黑体的就尽量不用,也能节省墨粉和硒鼓。在工作中,要充分利用好办公自动化系统,大力推进无纸化办公,能用电脑网络传递的文件尽量在网络传递,能不打印就使用电脑、U盘。

(5)不要把公司的办公用品私自拿回家据为己有;把平时习惯丢掉的纸张捡起来,看看是否还能够派上其他用场。

当然,节约远不止表现在以上几个方面,还需要在工作中多多留心。坚持少花钱多办事,会议、接待、招待等尽量从简和节约,不该花的钱不花,能少花的钱不多花,不必要办的事不办,可勤俭办的事不铺张办。关键是要养成节约的习惯,随时随地在任何工作上都在点点滴滴之间节俭,不放过能够节俭下来的每一分钱。久而久之,就会形成节约的习惯,养成节俭的品格,让你更加优秀和卓越。

第十三章　自律：自我控制自我约束

自律是品格的精髓，美德的基础，是衡量一个人品格的基本标准。只有拥有自律的人才能克制欲望的纷扰，时时观照自己、反省自己、战胜自己，控制自己的情绪，抵制世间的诱惑，遵守规则和纪律，自己限制自己，自己约束自己，并因此而做出非凡的成就，收获完美的人生！

1 自律是品格的精髓

自律不仅是古今中外共同尊崇的美德，也是一切美德的根本，是所有品格的精髓，更是一种准则，是员工素质的最高境界。

所谓自律，就是针对自身的情况，以一定的标准和行为规范指导自己的言行，严格要求自己和约束自己。

自律是最难以获得的品质之一，因为世界上没有完美的人，正如一位哲人说的："没有不带刺的鱼，同样也没有不带缺点的人。"每个人都会有自己的不足和缺点。自律就是要求我们每个人充分认识自己，承认自己的缺点，不断地克服自己的这些缺点，改正它，战胜它，所以很难。正因其难，才更加可贵，更加难得，更加被人推崇和赞美。拥有自律品格的人，才能不断修正自己，改变自己，完善自己，因而才有能力登上人生的峰顶。

你可曾想到，有这样堂堂的某国总统，年轻时候放荡不羁、缺乏自制力的"坏"青年。学生时代的他，学习成绩一般，但对于吃喝玩乐却样样在行。平时他整天与"狐朋狗友"四处游荡，无所事事。他最大的喜好就是开着自己那辆哈雷——戴维斯摩托车，带着时髦女孩，在大街上飙车，除此之外，每天晚上，他总是泡在各色的舞厅里，不到深夜不会回家，而且每次都是醉醺醺的。他父亲看儿子如此不济事，多次谆谆教导，但是，他总把父亲的话当耳旁风，依然故我。直到一天，一个很特别的女孩出现在他面前，她的美丽和纯洁一下子打动了"花花公子"的心。在这位姑娘的影响之下，他警醒了，他慢慢克制自己的放纵行为，奋发努力，投入政界。经过一番比拼，他终于成就了自己的辉煌，登上了总统的宝座。

自律是品格的精髓，是所有品格中最难得也最有力量的品格，唯有自律，才能不断修正人生的方向，抵达成功的彼岸。

很显然，拥有自律自制品格的人，是善于自我管理、有自我管理能力的人，他们可以有意识地约束自己的行为，修正自己，激励自己，使自己更加自信、积极、进取，不怕一切困难，从而使工作更主动，积极更有效率，当然也就更容易成功了。

一个工作效率很高的销售主管说：我一直保持着将文档做得很工整的习惯，无论我有多忙甚至在周末也不例外，这个习惯让我受益匪浅，我很清楚我所要完成工作的时间表和采取何种方式去做。在我的系统里，我跟踪每一件事，从而确保不仅按时完成自己的任务和落实各项细节，而且兼顾我的顾客和同事。如果他们没有及时和我联系，我就会给他们发电子邮件。事实上，有一天一个人告诉我：我还不如主动跟你联系，因为我知道你如果听不到我的消息，一定会在我的语音信箱里留言的。

诙谐作家杰克森·布朗比喻得好："缺少了自律的能力，就好像穿上溜冰鞋的八爪鱼。眼看动作不断可是却搞不清楚到底是往前、往后，或是原地打转。"

如果一个员工没有自律能力，那他在工作上的敬业程度就会大打折扣。一个资深的人事经理举了这样一个例子：我们的上班时间是早上 8 点 30 分，有人 8 点 20 分就到了，有人 8 点 30 分到，也有人 8 点 40 分才到。在平时是看不出这三类人有什么本质的区别，但是在关键时刻，或许就会因为这迟到 10 分钟的习惯，有些人误了大事，给公司带来了无可挽回的损失。这其实就是每个人自律能力的不同导致的不同后果。

只有自律的人才不会偷奸耍滑、不守纪律，更不会老板在时一个样，老板不在又一个样，自律的人工作勤奋，态度温和，遵守纪律，懂得克制，因而他们的工作高效，人脉宽广，事业有成，成功在望。

2　克制自己的贪心和私欲

人是有欲望的，每个人都有。有欲望不是坏事，有欲望才会产生奋斗的动力，才会让我们向着欲望不断前行，从而带动人类不断地向前进步。但是如果欲望太重的话，就会变成贪心，变成贪婪，变成想去得到天下所有的一切，一口就吞下一头大象。这样的欲望，就只会害死人了。

民间有句俗语"人心不足蛇吞相"，很多书上印成"人心不足蛇吞象"，许多人也认为其意思是"人心永远不能满足，贪心太重，就象蛇一样，想把一头大象吞掉"。其实，"人心不足蛇吞相"是一个典故，说的就是人的贪心和无休无止的欲望：

从前有一个很穷的人救了一条蛇的命，蛇为了报答他的救命之恩，于是就让这个人提出要求，满足他的愿望。这个人一开始只要求简单的衣食，蛇都满足了他的愿望，后来慢慢的贪欲生起，要求做官，蛇也满足了他。一直到他做了宰相，还不满足，还要求做皇帝。蛇此时终于明了，人的贪心是永无止境的，于是一口就把这个人吞吃掉了。

所以，蛇吞掉的是宰相，而不是大象。故此，留下了"人心不足蛇吞相"的典故。

今天，人们渐渐地把"人心不足蛇吞相"写成"人心不足蛇吞象"来比喻人贪心永远不会满足，就像蛇贪心很大最终想吞食大象一样。

很显然，一条蛇如果真的想吞下一头大象的话，它是不会有好结果的，要么还没有开始吞就会被大象的大脚掌把它踩个稀巴烂，要么就是真的吞了，也会被大象撑破肚皮，一命呜呼。不会有更好的下场了。所以，聪明的人是不会任由自己的贪心膨胀到想去吞下大象的，聪明人会放纵自己的欲望，却能克制自己的贪心，懂得自制和自律，懂得分寸和尺度，懂得什么该积极地去争取，满足自己的欲望，达成自己的理想；而什么应当及时地把念头消减，把贪念收起，不让自己陷入贪婪的泥潭。

欲望和贪婪有什么不同？欲望是人的正常的需求，它与人满足欲望的能力是相匹配的，只要努力就可以实现的人的正常的要求，就是欲望；而贪婪则是过度膨大了的欲望，不仅超出人的基本的需求，也超出一个人能力的限制，而且还无休无止无穷无尽的欲望，就是贪婪。所以贪婪是需要克制的，需要抑止的，不能任其发展，因为那样只会让一个人走向毁灭的深渊。

作为一个员工也是一样，要学会自律自制，要把正当的欲望转化成为催人奋进的积极的力量，而不能被贪婪毁掉自己一生的前途。因为贪婪具有十分邪门的力量，一不小心，就会被它带走良知，毁掉自尊，甚至失去原本美好的一切。

一家新成立的公司要招聘一名女出纳员，工资待遇优厚得让人不敢相信。去应聘的人数不胜数，每人交纳 100 美元报名费，然后面试、笔试，折腾了半个月，只剩下不到 10 人。最佳人选将从这几个人中间产生。某公司孙丽过关斩将，成了其中的幸存者。但是最终的名单却一直没有下来。

这天，刚发完工资，孙丽出门刚回办公室，一位陌生男子走进来，举着一张百元面值的钞票说是刚在门外捡到的，问办公室的两位姑娘："你们谁丢的这 100 元钱？"

马艳拿眼一扫："不是我的。再说，发完工资，我贴身装着，不可能窜出来，肯定是孙丽的。"

男子把百元大票放在孙丽面前，说："那就是这位小姐丢的啦。"

孙丽心口扑扑直跳，她故作迟疑地说："是我丢的吗？"

"你不会数一数兜里的钱吗？"马艳提醒她。

"我的钱没数。"孙丽双手一摊。

百元大票归了孙丽。为了表示礼貌和感谢，她微笑着给来客沏茶，并询问对方是来找谁的。

"我专门恭候您哪，孙丽小姐。"男子也报以微笑，"我是您应聘那家企业的职员，奉命来对您进行最后一次测试。"

这真是意外的惊喜！孙丽满面春风地说道："要测试什么马上开始吧。我从来不像别人那样，还需要准备这准备那。这样突然的考试最合理，能看出真正的水平。"

"说得太对了。"男子说。

“可我们的测试已经结束了。我十分遗憾地通知小姐，您不够录用条件。”男子站起身来告辞。

孙丽一下子明白过来，刚才那张百元大票，是块试金石！她沮丧地掏出那张钱，还给男子：“你们这种考试方法含有某种欺骗性和污辱性，我兜里的钱的确没有数。”

“不会的。”男子摇摇头，“您在以前的测试中表现突出，尤其记忆力惊人。您不会不清楚自己兜里有多少钱，何况其误差达百元之多，你更不可能忘记自己有没有这样一张被严重污染过的钞票。按常理，刚才您去购物时，如果真有这张钱，您一定会先把它花出去或者发现它已经丢失。这张钞票依然归小姐您，就当我们退还您的报名费。假如这一位小姐有兴趣的话，不妨去敝公司一试。”男子转身向马艳说：“作为出纳员，首要的是面对金钱的态度。别的不论，最后这一测试，您却过了关。”

所以，战胜自我要从克制私欲做起。从来贪小利者会失大节，抵制私心贪欲，对自律而言，尤为重要。

3 任何时候也不放纵自己

如果一个人太过苛求自己，难免活得太累太沉重。但是如果放纵自己，则很容易误入歧途。随“心”所欲的结果，肯定是伤痕累累，后悔不及。所以，任何事情都要适度，要学会克制，任何时候都不要放纵自己。

放纵自己，对一个自律自制的人而言，是万万不可的。自制自律一定要克制住自己的放纵心理，哪怕是小事也要严格要求才行。生活中小事无度，则会伤身。比如适量饮酒，活血化淤，失度则伤肝；适时睡眠，除困解乏，过度则精神倦怠；言多必失，食多必胖。业余搞点爱好，利于放松，未尝不可，可如果失度，则会玩物丧志。人生如果放纵自己，没有自制力，任由发展，又如何可以达到完美的境界。

在北极圈里，北极熊是没有什么天敌的，但是聪明的因纽特人(爱斯基摩人),却可以轻易地逮到它。爱斯基摩人是怎么办到的?

他们杀死一只海豹,把它的血倒进一个水桶里,用一把双刃的匕首插在血液中央,因为气温太低,海豹血液很快凝固,匕首就结在血中间,像一个超大型的棒冰。做完这些之后,把棒冰倒出来,丢在雪原上就可以了。

北极熊有一个特性:嗜血如命。这就足以害死它了。它的鼻子特灵,可以在好几公里之外就嗅到血腥味。当它闻到因纽特人丢在雪地上的血棒冰的气味时,就会迅速赶到,并开始舔起美味的血棒冰。舔着舔着,它的舌头渐渐麻木,但是无论如何,它也不愿意放弃这样的美食。忽然,血的味道变得更好——那是更新鲜的血,温热的血。于是它越舔越起劲——原来,那正是它自己的鲜血——当它舔到棒冰的中央部分,匕首扎破了它的舌头,血冒出来。这时,它的舌头早已麻木,没有了感觉,而鼻子却很敏感,知道新鲜的血来了。这样不断舔食的结果是:舌头伤得更深,血流得更多,通通吞进自己的喉咙里。最后,北极熊因为失血过多,休克昏厥过去,因纽特人就走过去,几乎不必花任何力气,就可以轻松捕获它。

那么,对你来说,什么是最重要的?不必急着回答,先想想,你会是那只北极熊吗?你会一边吸着自己的血,一边享受幸福的感觉吗?

通常,我们遇到的最强大的对手往往不是别人,而是自己。因为人的缺点常常是很顽固的,即所谓“江山易改,秉性难移”。而要想参与激烈的竞争,并在竞争中取胜,就必须克服自身的缺点!一个自律的人能够不断克服陋习、完善自己,一个不能自律的人却会被自己的一个小缺陷轻易击败。人或强大或弱小,是由能否战胜自我而决定的,任何时候都不放纵自己,学会去控制、去约束,不可放纵,这样才能让自己立得更稳,走得更远。

有一个营销员去拜访一个客户,不巧,这个客户正因为家里的事情,心里很不高兴呢。

所以他对营销员很不礼貌,说话也很刻薄。这个营销员也有些生气了，但他还是克制住了自己的情绪，把满腔的怨气放在口袋里，依然很有礼貌地笑着向客户告别，并告诉客户，谢谢他能够接待他。

营销员走后，那个客户感觉很过意不去，就主动给营销员打了一个电话道歉，并又接受了几个订单。

很多营销公司在激励员工时都有这样一句话：你不能改变天气，但你可以改变心情。上面这个小故事或许给这句话下了一个完美的注脚。

每个人都有自己独特的喜怒哀乐，都有自己好心情和坏脾气，这无可厚非，然而平庸和卓越的区分却恰恰在此——你是不是控制住了自己的内心，学会了自律。

4 控制自己的情绪

人们常说“冲动是魔鬼”。确实如此，我们常常会看到很多人做出令自己后悔不已的事情，都是因为自己一时的情绪失控。因此，要自律更要学会控制自己的情绪，会调控自己的情绪的人，是一个成熟的人，也是迈向成功之路的前提和基础。

一次，在旅途中，佛陀碰到一个不喜欢他的人。连续有好多天，在很长的一段路上，那人用尽各种方法诬蔑、诋毁、折磨佛陀。

在路的转弯处，佛陀问那人：“假如有人送你一份礼物，可是你拒绝接受，这时，这份礼物应该属于谁呢？”那人答：“这还不简单，当然属于送礼的那个人。”只见佛陀笑说：“没错，若我不接受你的谩骂，那你不就是在骂自己了吗？”于是，那人摸摸鼻子走了。

伟大的诗人歌德，他曾经告诫人们：不论做任何事情，自律都至关重要。自我节制，自我约束，是一种控制能力，尤其控制人们的性格和欲望，一旦失控，变得随心所欲，结局必将一败涂地，不可收拾。不能控制自己的情绪,喜欢发怒的人,往往难以认清楚矛盾的根源,因此总是鲁莽行事,却总会让自己受伤。

斯坦德是一位经理,一大早起床,发现上班时间快要来不及了,便急急忙忙地开车往公司冲去。

一路上,为了赶时间,斯坦德连闯了几个红灯,终于在一个路口被警察拦了下来,给他开了罚单。

这样一来,上班更是笃定迟到。到了办公室之后,斯坦德犹如吃了火药一般,看到桌上放着几封昨天下班前便已交代秘书寄出去的信件,斯坦德更是生气,把秘书叫了进来,劈头就是一阵痛骂。

秘书被骂得颇有莫名其妙的感觉,拿着未寄出的信件,走到总机小姐的座位,又是一阵狠批。秘书责怪总机小姐,昨天没有提醒她寄信。

总机小姐被骂的心情恶劣之至,便找来公司内职位最低的清洁工,借题发挥,对清洁工的工作没头没脑地一串声色俱厉地指责。

清洁工低下,没有人可以再骂下去,她只得憋着一肚子闷气。

下班回到家,清洁工见到读小学的儿子趴在地上看电视,衣服、书包、零食丢得满地都是,当下逮住机会,便把儿子好好地修理了一番。

儿子电视也看不成了,愤愤地回到自己的卧房,见到家里那只大懒狗正盘踞在房门口,儿子一时怒由心中起,狠狠的一脚,把狗给踢得远远的。

无辜遭殃的狗,心中百思不得其解:“我这又是招谁惹谁啦?”

这时,斯坦德正好从狗身边走过,谨慎的狗为防止再被人踢,迅速抓了一下斯坦德就溜,可怜的斯坦德被狗抓破了腿。碰巧那只狗体内藏有狂犬病毒,狗经常用舌舔自己的前爪,病毒就到了前爪上。三个月后，斯坦德莫名其妙就得了狂犬病。他到死的时候也没有想到，这一切悲剧都是他自己引发的。

可见一定要理智 地学会控制自己的情绪，不要见人就发泄情绪，要做情绪的主人而不是奴隶，要保持平和的心境，遏制冲动的情绪，避免不良的后果。

一个自律的人，应该是一个懂得自爱，勇于自省，善于自控的人。自律，它能使人明于自知，使人养成良好的行为习惯，使人学会战胜自我，使人身心健康，使人高尚起来，建立良好的人际关系，同时它是一个修养的起点和基本要求，也是一个人行动自由所必须的条件。

5 严守纪律和规则

没有规矩，不成方圆。一个企业要想健康有序的发展，没有严肃的纪律和规则来保证，将是不可能实现的。一个团结协作，有战斗力和进取心的团队，必定是一个有纪律的团队，同样，一个积极主动，忠诚敬业的员工，也必定是一个具有强烈纪律观念的员工。纪律永远是忠诚、敬业、创造和团队精神的基础。对企业而言，没有纪律，便没有了一切；对员工而言，不遵守纪律，不守规则，永远都不会有前途

什么是纪律？让我们看看《现代汉语词典》中的解释，纪律——为了维护集体利益并保证工作的正常进行而制定的……条文，它与健康生活具有一致性。纪律就是要严格遵守各项规章制度，贯彻各种会议决议，执行公司制定的预算、计划、通知，这也是干部员工必须履行的职责。当然，自律是纪律的重要组成部分。只有每一个员工都能做到自律，做到克制，才能真正严格遵守企业的纪律和规则，不将个人、亲属、朋友、小团体的利益凌驾于企业利益之上，从而以企业的利益为大，全心全意为企业利益着想，企业才能发展壮大。我们也可以看到，大凡成功的企业或是个人，都是执行纪律的典范。比如海尔，就是一个以严格的纪律和规范的管理打造了自己高执行力的优秀企业。

从海尔成功的脚步里,我们可以看出,只有绝对的服从才能有效地执行,只有严格的制度和严明的纪律才能企业的持续发展。没有规矩不成方圆,纪律是胜利的保证,这是古已有之,颠扑不破的真理。任何一个团队和企业,要想生存和发展,必须有严明的纪律作为保障。纪律是任何企业和团队文化的精髓,没有了纪律,企业和团队就是一盘散沙,就会失去约束,各自为政,你东我西。一般来说,纪律的含义有两层,一层是纪律的制定,一层是纪律的遵守和执行。所谓执行力,其实就是对纪律的遵守与执行的力度。纪律的制定是管理者的任务,而纪律的遵守和执行,就是企业所有人员人人为之的事情了。纪律面前无特殊,作为海尔人,从上到下,每一个人都要遵守纪律,用严格严密的规章制度有效控制每一个工序、每一个环节,把每一个要求都落实到具体的人身上。

再回头来看海尔的企业制度,从最初的13条开始,都非常简单明了,从起初写在食堂黑板上的"升官发财全靠竞争",到后来的"赛马机制","三工并存、动态转换",直到现在的"在位要受控、升迁靠竞争、届满要轮岗"等等一整套规章制度,早已不单纯是白纸上的黑字了,而是深入员工内心,张口即来,严格遵循的行为规范。正是有这样良好的执行纪律风气,才使得海尔令行禁止,政令畅通,保持着高效的执行力。

对于企业来说,无论大小,它的使命都是把目标和计划变成现实,这就需要每一个员工严格遵守企业的纪律和规则,才能真正实现企业的目标。作为企业的员工,要真正做到纪律严明、训练有素,必须要有自律意识,有自律的品格,不找任何借口,严格要求自己,遵循事物规律,遵循企业规则,不蛮干,不逾矩,无条件服从上级安排,严格遵守纪律和规范。只有如此,才能使个人的工作和努力,与部门和企业的任务、目标保持一致,自己的工作才会起到积极作用,发挥出最佳的效果。

但是,我们也看到,现在的人们往往崇尚个性,爱好自由;不过必须要知道,世界上本来就没有绝对的自由,自由必须是在纪律和规则的约束之下的自由。没有纪律和规则的约束,自由就会泛滥成为堕落。

世间再没有谁比那个大闹天宫的齐天大圣孙悟空更崇尚自由的人了吧?但如果没有佛祖的管束,没有观音菩萨的紧箍咒,他不仅要大闹天宫,大闹龙宫,大闹地宫,更会大闹人间,大闹宇宙。不错,他是自由自在了,但那些被的金箍棒打死的那些人呢?他们的自由呢?他们甚至连生存都不可能,何来自由?所以,自由必须是在纪律和规则的约束下的自由才有意义,才是真正意义上的所有人的自由。

在社会、在组织、在企业都是一样,自由是在纪律和规则的约束之下的自由,不可能任由你随心所欲地绝对自由,那就会乱了套了。有些人每天都担心纪律,视纪律为洪水猛兽,唯恐与纪律沾上边儿,这其实是没有必要的。纪律就像是高压线,你不去碰着它,它绝对不会伤着你。你遵守它,它就是你的利益的守护神,你惹怒它,那么它也会成为你的麻烦鬼!

有时候,员工资历越长,越不守纪律。他们似乎有一种看破红尘的玩世不恭,觉得守纪律的人都是愚蠢的人,都是没有创造力的人。大部分资深员工“人在心不在”或“在职退休”。不守纪律的员工往往会给他们的公司带来巨大损失。这表现为收入减少、员工流失、缺勤增加和效率低下、浪费成风……

没有任何公司能任由着不守纪律的风气如此下去,也没有任何公司甘心养着不守纪律的员工。公司是一个以盈利为目的的组织,赔本的买卖它是不会做的。无论你资历有多长、工龄有多长、业绩曾经多么辉煌,只要你内心深处开始滋生不守纪律的苗头,你就对公司的未来发展难以起到任何推进的作用,相反,你的所作所为可能会给公司拖后腿,那么公司是不会心慈手软的,等待你的,将是被毫不留情地淘汰掉。因为不守纪律的员工就好像“烂苹果”一样,如果不及时剔除,企业一定会被慢慢腐蚀掉。

当然,一个自律的人是绝不会让自己成为这样的“烂苹果”的,他们任何时候都会严守企业的纪律和规则,从而让自己更加优秀。

没有规矩,不成方圆;不守纪律,何来优秀!要想取得成就,首先要从自制自律、严格遵守纪律开始。

第十四章　创新：职业常青的不二法门

要想在职场上做出成绩，让自己表现得更突出、更优异、更卓越，保持职业常青，必须借助创新的力量实现与众不同的思维和方法。从这一意义上说，善于创新是现代员工不可或缺的重要品格之一。

拥有创新品格的员工活力无限，创意不尽，他们不因循守旧、墨守成规，不局限于自己的工作、自己的思绪，他们敢于打破一切规矩和束缚，他们的思想天马行空，无拘无束，他们的工作因创新而卓越，职业因创新而常青，人生因创新而精彩！

1 工作因创新而精彩

独特的创想总是能让人耳目一新的同时带来惊人的效果，因而，创新的品质越来越被企业和老板重视。创新带来进步，创新带来效益，创新让企业焕然一新，创新让员工朝气蓬勃，创新更让工作因此而精彩。

在现代企业里，领导对于每个员工的考核，不再仅仅局限于专业技能的优劣，具备创新意识和创新能力的员工更受领导器重和依赖。成为一个优秀员工，首先就应该具备创新精神，这样，你就会成为成功的创新求知英雄。如果你成功了，你就会得到企业的承认和奖励，你不仅可以自由表达自己的观点，而且能得到企业领导的鼓励和赏识。

创造力是上天赐予我们的最珍贵的礼物，它能给我们带来许多意想不到的惊喜和精彩。创新创造了许多神话和奇迹，并且还在创造、还将创造更多的神话和奇迹。这样的故事不胜枚举。

美国当年的汽车大王亨利·福特为了创造一种新的生产方式，苦苦思索了很长时间。一天，他偶然在肉店里看到三个人，一人剔牛头，一人剔牛脊骨，一人剔牛腿骨，此刻，灵感忽然在他的脑海里闪现，使他创造出划时代的“流水生产线”，流水生产线大大提高了生产率，为福特公司带来了惊人的效益。

现今，商界竞争越来越激烈，一些小企业或者小公司只有不断运用新奇的点子，才能在大集团、大公司的夹缝里寻求生存的机遇，顺应发展，获得成功。有时哪能怕只是一个小小创新，就可以在激烈的竞争中得以胜出，在平淡中放出异彩。

马克是一家洗衣店的员工。他一直在思考怎样才能增加人们洗衣的次数。他知道很多洗衣店都要在每件烫好的衬衣领上加上1张硬纸板，以防止其变形。于是马克便想：“我能不能对这张三角纸板进行改进，以使其更具价值呢？”

一天,他得到一个灵感,即在纸卡的正面印上彩色或黑色的广告,背面则加入一些别的东西:如孩子们的拼图、家庭主妇的美味食谱或全家可在一起玩的游戏等。马克把自己的想法告诉了老板,老板高兴地接受了他的建议,并立即采取了行动。有些家庭妇女为了搜集马克的食谱,把原本可以再穿的衬衣也送来烫洗。此举不仅使洗衣店赚到一笔不小的广告费,而且也为洗衣店带来了巨大的经济效益。马克的创新之举,不仅使他的业务量大升,他本人也因此而被老板提拔为助理。

创新才能出彩,创新展现才华,创新才能胜出,创新超越平凡。对于企业,对于个人,皆是如此。

2 带着思考做好每一件事

思考,是人类所独有的能力,也是人最基本的精神活动,也是做好一切事情的前提。只有经过思考后再做的事,才会不盲目,不蛮撞,不无头无尾,不白费力气。

不懂得思考、没有带着思想工作的员工,只会一味机械死板地听从命令,却不会去想、去看、去思考、去分析,这样怎么能把工作做好呢?所以,带着思考工作,才是最重要的工作方式和方法,才是能把工作做到最好的有效途径。所谓低头拉车更要抬头看路,如果一个员工只懂得低头拉车,却全然不懂得抬头看路的话,那他就会偏离方向,就会跌下悬崖,工作又何谈效率和做好呢?所以,越来越多的企业和老板们开始重视员工的思想,重视工作中的思考。宏基集团董事长施振荣曾针对目前大多数员工只知道拼命工作,而不懂得如何聪明工作的现状提出了“不换脑袋就换人”的理念。所谓换脑袋就是随着外界环境的变化而不断转变自己的思维方式,换掉习以为常的工作模式,在工作中充分发挥大脑的作用,用心思考。

一个知名企业家曾经对他的员工说："我们的工作，并不是要你去拼体力，而需要你带着你的大脑来工作。"可见优秀的员工应该是那些勤于思考、善于动脑分析问题和解决问题的员工。然而，在公司里，有些员工缺乏思考的能力，他们在遇到问题时，不是去多问几个"为什么"，多提几个"怎么办"，而是逃避问题，这样的员工不仅不会受企业的欢迎，在职场上也难以有所发展。因为他们花了太多的"笨功夫"，却没有收到丝毫的效果，白费力气。

"世界发明大王"爱迪生，一生都秉持"拿到任务先思考"的工作原则，每次，他都会先思考"任务"的目的和实施步骤，再一步一步把手头的工作完顺利完成。

爱迪生的助手——阿普顿，一位出身名门的大学高材生，和当时的大多数上流社会的人一样，有着极深的门第观念，对家境贫寒、自学成才的爱迪生很是不以为然，对科研也是这样。

为了教训他一下，一天，爱迪生让他计算最新研发的几款灯泡的容积。阿普顿想都没想一脸蔑笑地拿起标尺和笔就进行测量和计算。他原本认为是一个极其简单的问题，然而，忙了整整一下午也都没有找到准确测量方法和计算公式。

傍晚时分，爱迪生回到实验室，看到阿普顿一脸愁容、满地丢弃的打稿纸，立即明白是怎么一回事。爱迪生笑了笑，走上前，往玻璃灯泡里注满水，然后把灯泡里的水倒进量杯里。

爱迪生拍了拍满脸羞愧的阿普顿，说道："接手任务后要先思考，切忌盲目地立即执行，花费比原本高出很多倍的时间和精力，最终还不能顺利完成。"

自以为是就盲目开工的阿帝普顿羞愧地低下了高傲的头。从此，阿普顿打心底对爱迪充满了深深的敬意。

从某种程度上讲，工作就是一个思考的过程，工作取得进步，就是一个思考深入的过程。思考得多了，想到的方法自然就多了。当一个猎人打了一只兔子时，他就会想办法再去猎一只鹿，当他猎到一只鹿时，他又会想办法去猎一只熊。而只有这样不断地思考,不断地寻找更好、更有效的办法,才有可能成为一名优秀的猎人。

杨春民是网通广州分公司支撑共享中心的主任,他被誉为网通里的"思想者",那是因为他时刻在思考应该怎样更好地开展工作,应该如何提高工作效率。

支撑中心每个月都有一项任务,将该月出账的用户收入拆分到各营销中心。过去,这项工作是工作人员使用 EXCEL 表格来处理,通常需要花费好几天时间,还经常出错,影响到对各营销中心的考核。

杨春民开始思考:工作不能一味埋头拉车,还要抬头看路,看看我们走的路有没有错,是否还有其他路可以更省力、更快捷。那么,现在能不能找到一个数学公式一样的东西将这些资料统一处理、提高效率呢?

他想到了用数据库,利用数据库可以对众多繁杂的数字进行统一管理,并且查找方便、不易出错。于是,杨春民利用午休时间编制程序,协助收入拆分和佣金结算,利用数据库将所有用户的收入及其归属进行归档。账务组在该程序的辅助下,提前 3 天准确完成各营销中心的收入拆分,大大提高了工作效率,并保证了公司经营分析数据的准确性和及时性。深圳分公司的 CPN 计费出账和结算在他开发的程序的帮助下,出账时间由原来的 3 天缩短到 1 天,结算时间由原来的 5 天缩短到 2 天。

杨春民能获得工作上的成功,主要得益于他有善于思考的敬业精神。他能够把公司的事当成自己的事,处处为公司的利益着想。

步步高升是每一个职场中人的愿景,也是我们对自己亲人和朋友的一个美好祝愿。然而,在充满竞争的社会里,在以绩效作为目标管理的企业里,现实很残酷:不换脑袋就换人,不会思考,不懂得思考对于工作的意义,盲目工作,事倍功半的员工,怎么能得到晋升呢?

一名敬业的员工，愿意控制和改变自己的思想，同时仔细探求自己的思想对自己、同事、自己的工作与环境的影响和作用，通过耐心的实践和调查将因与果联系起来；对自己的每一次即使是微不足道的经历和日常发生的琐事进行思考，作为一种获取知识的途径。俗话说："只有努力寻找的人才能找到，大门只会对敲门的人敞开。"只有通过耐心、实践和无止境的思考，让主动思考为你的工作保驾护航，你才能做得更好。

在现代机器化大生产的趋势下，为什么还需要人来工作？机器为什么不能取代人呢？其关键就在于人是有思想的，人在工作过程中自始至终有着自己的思想、自己的认识、自己的理解、自己对问题的处理和判断，包括创意、想法、期望、解决方法等，正是这一区别使机器不能取代人，也成就了人在工作中特有的劳动价值。如果我们在工作中只会机械地听命而不动用我们的大脑，融入我们的思想，那我们与一台机器又有何异？

所以，要学会思考，学会带着思想去工作，学会在工作中去发现问题、思考问题并解决问题，做问题的终结者，让问题到此为止，你才能真正把工作做到最好。

3 打破一切常规，突破所有束缚

先看一个小故事：

哥伦布发现美洲大陆后回到欧洲，声誉倍增，但有人对他的功绩横加挑剔。哥伦布问这些人："你们能把鸡蛋竖起来吗？"对方试了几次，都失败了。哥伦布拿起鸡蛋，敲破底部，把鸡蛋稳稳当当地竖了起来。对方目瞪口呆，只好低头认输。

再看一个小寓言：

上帝为人间制造了一个怪结，被称为"高尔丁"死结，并许有承诺：谁能解开奇异的"高尔丁"死结，谁就将成为亚洲王。所有试图解开这个怪结的人都失败了，最后轮到亚历山大，他说："我要创建我自己的解法规则。”他抽出宝剑，一剑将“高尔丁”死结劈为两半。于是他就成了亚洲王。

这就是勤于思考，勇于创新，敢于打破常规的例证。如果哥伦布和亚历山大也和众人一样，没有突破性的思维，不敢超越常规，那他们也不可能流芳千古。

创新的关键就在于打破常规，独辟蹊径，走出一条崭新的路来。竖起鸡蛋和劈开死结都不难，但为什么别人无法解决呢？这都是因为没有敢于打破一切的勇气和胆量，没有快速解决问题的智慧和头脑。普通人总是认为死结必须要解才能开，鸡蛋是圆的立不起来，所以没有人能完成这两件事。而创新恰恰就是要突破这些陈旧观念，换一种方式考虑问题，从而得出出人意料的解决方法。也许，创新本身就是个怪结，没有人能把它解开，但可以肯定的是，创新绝不是一般意义上的模仿、重复、循规蹈矩、似曾相识，大多数人都能想到的绝不是好的创意，实际上根本就谈不上创意。好的创意必须是新奇的、惊人的、震撼的、实效的，打破常规的，甚至惊心动魄的。

1981年9月1日，刚刚结束年假回来，重新开始工作的法国人发现他们所居住的城市街头，到处张贴着一张3米×4米的广告大海报。一位穿着三点式泳衣的漂亮女郎，双手叉腰，向着来往行人温柔地微笑，背后两行法文：“9月2日，我把上边脱去。”人人拭目以待，都想看看这到底是不是真的。

第二天清晨，上班的人经过广告海报时，那位女郎依然叉着腰，温柔地微笑，但是“上边”真的不见了，露出健美的胸脯。而且背后的两行字变成：“9月4日，我把下边脱去。”行人咧嘴发出会心又期待的微笑。

写字楼、车间、酒吧、街头，整个法国都在窃窃私语，到底葫芦里在卖什么药？新闻记者忙得不可开交，读者电话响个不停，逼得他们四处打探。法国最大规模的旅行社“地中海俱乐部”接到记者电话：“喂，这是你们的度假广告吧，脱衣俏女郎，这是你们的三板斧了……”街头百货小店的匈牙利移民胖老板,却一口咬定这是袜子广告,因为袜子穿在“下边”,他正好有很多袜子要卖。

9月4日,窗子对着广告牌的人一早便爬起来,迫不及待往外张望。映入眼帘的是一个转过身去的女郎,一丝不挂,修长的身躯在朝阳下闪着健康的光芒。“下边”没有了,肌肉结实的臀部炫耀地高高翘起,后面有几行字:“未来广告公司,说得到,做得到。”

海报赢得商界一片赞美声,大家异口同声地说,有十几二十年没有见过这么出色的设计了,一个广告巨子建议把海报送进博物馆。结果,一直名不见经传的未来广告公司在激烈的广告界脱颖而出,一夜之间家喻户晓,成为全法国最著名的广告公司,公司利润理所当然也是直线上升。

这样的创想真是让人叹为观止!如果没有强烈的创新意识,没有独特的创意构想,没有打破常规、敢于冒险的精神,这样的精彩又哪里可寻?

有很多时候我们都会因为经验、因为知识、因为思维定势、因为书本、因为眼光等方面而束缚住创新的信念,捆住创新的手脚。

很早以前,有个人饲养了几只老鼠当宠物,还特别喜欢它们。有一天,老鼠突然都从家里逃走了。弄不清怎么回事,他就没命的在后面追。他的朋友也紧跟着。正在这时,地震发生了。还有一次,他外出要上船的时候,老鼠在他的提袋里骚动起来,他立即停住步子,老鼠随即也安静下来。结果出行的船遇上了风暴,沉没在大海里。他像这样托老鼠的福,而幸免于难的事还有好几回。他非常相信他的老鼠宠物预知危险的能力。

忽然有一天,几只老鼠变得非常害怕而且烦躁起来,坐立不安,天哪,这是危险的征兆啊,一定会有大灾难将来临,不管它了,赶快搬家吧。于是这个人匆忙地卖掉了房子,很快搬走了,是的,没有危险了,老鼠也安静了。这人竭力想弄清搬后到底发生了什么灾难。于是,他就给他旧居挂了电话。“喂,喂,我是以前的老住户,想打听一下……”“什么事?忘了什么东西?”“不是,我是想知道在我搬走后,您那有什么变化吗?”“哦,好像没什么。”“绝不会的。请您仔细想一下。”“要说嘛,那就是您走后不久,住在你隔壁的人家也搬了。就这些。”

“是吗?新搬来的是什么人?一定是位可怕的人物吧?”“哪里,是位很和善的人。他很喜欢猫,养了很多猫……”

这位宠爱老鼠的先生就犯了经验主义的错误。这一回,老鼠害怕的不是给他带来灾难,而是老鼠自己的灾难。不可否认,经验是重要,经验可以让我们轻松地面对很多问题,经验可以让我们从容不迫,经验可以让我们避轻就重,解决很多实际的难题。但是经验不是绝对的。完全依靠经验甚至是可笑的,就像那个完全依靠老鼠预测灾难的人一样,没有自己对客观事实的一个观察和判断,一味地依靠经验,必然为经验所困,尝到经验主义的苦果。

在中国古代的一场战争中,甲方因军备不足,导致军心涣散。主帅因此非常着急。这时,有位将领主动立下军令状,以项上人头担保第二天晚上必有大雾,他可以效法诸葛亮来个二次“草船借箭”。

第二天晚上,果然起了大雾,主帅大喜,命几十个士兵各驾一艘装满草人的小船驶向敌方水营,高声呐喊,用力击鼓。敌方军师获报后大惊,请示其将军:“如果让敌军攻到我军水营,后果不堪设想。请将军火速调派弓箭手,务必在敌船靠近之前……”将军挥手打断了他:“别叫弓箭手,去把那些新运到的投石车推过来……”当晚,这位好大喜功、只想照搬诸葛亮经验的将领不仅没有借回一支箭,反倒被打得人仰船翻,狼狈而归。

时代在不断前进,过去有用的知识现在未必适用。昨天他人用这种方法取得了成功,并不代表着今天你还能够靠它独领风骚。许多事情都告诉我们,不突破经验的定势,经验甚至会害死我们。

为了便于与体形庞大的猎物在水中搏斗，鳄鱼的潜水时间最多可达一个小时。它的狩猎范围广泛，大到陆地上的老虎、狮子、斑马、野牛，小到空中的飞鸟、水里的鱼虾。特别是在捕食老虎等大型动物时，鳄鱼会拿出自己的看家本领——一旦咬住猎物，鳄鱼就会在水里不停地翻滚。只要翻上几圈或几十圈，再凶猛的动物也会被折腾得奄奄一息。因此，鳄鱼得了个“天生猎手”的称号。

一次，有四十多年鳄鱼研究经验的美国专家格林特姆惊奇地发现，有一条鳄鱼竟被树藤勒死了。查看现场后他推断出，鳄鱼在捕食一只鸟时，咬到了树藤。鳄鱼以为自己咬到了鸟，撕扯不动时，便使出看家本领，在水中不停地翻滚。长长的树藤随着鳄鱼的翻滚而越缠越紧，鳄鱼终于动弹不得了。此后，格林特姆常用一根穿着鱼钩的绳索捕捉鳄鱼。鱼钩一旦挂到鳄鱼皮上，就很难脱钩，而鳄鱼则以为遇到了难以征服的猎物，不停地翻滚，它的身体很快就被绳索束缚住了。鳄鱼的智商无法令它想到，格林特姆正是利用它的看家本领将它轻易捕获的。

像鳄鱼这样的天生猎手，居然不是败在自己的弱点上，而是败在看家本领上。经验没有带来猎物，却反而要了它的命！这种现象对于我们来说并不新鲜：有10年工龄的钳工，被机器轧断了手臂；有20年驾驶经验的老司机，出了车祸；游泳好手却淹死在水里……

怎样才能突破经验定势呢？要有“初生牛犊不怕虎”的精神。初生的牛犊之所以不怕虎，是因为不知老虎为何物，在它脑中没有“老虎会吃人”的经验定势。因此见了老虎，敢于本能地用牛角去顶，而这时，带上“牛见了我会逃跑”思维定势的老虎，反倒不知所措，于是落荒而逃。

换一个角度，变一种说法，变堵塞为疏导，果然轻而易举地达到目的。在创新的过程中，也需要学会这种变换视角、换个角度想问题的改变思维的方法，这样更有助于我们创新成功。

因循守旧、墨守成规，缺少新的思路，缺乏创新精神，只在“守”字上做文章是达不到目的的。现代经济社会的发展日新月异,只躺在原有的基础上睡大觉,终将被历史所淘汰,要想获得100%完美的成功,就要有创新的精神,要有打破一切常规,突破一切束缚的魄力和气势,有不达目的不罢休的执著精神。

4　敢想敢做,用创意赢取成功

创新能力是人的能力中最重要、最宝贵、层次最高的一种能力。它包含着多方面的因素,其核心因素是创新思维能力。正如爱因斯坦所说,“人是靠大脑解决一切问题的”。人头脑中的创新思维活动是一切创意的基础和前提。这就是创新精神。

具有创新精神的员工敢于破界,敢想、敢做、敢挑战。

在人们的思维中,西瓜是圆的,然而,国外却开发出了方形西瓜,不易滚动,占据空间小,运输、储存、装卸都方便多了,其独特和新奇当然可以吸引更多的消费者,这就是破界带来的效果。敢想敢做,勇于冒险,成功一定会属于他。

40多年前,一个出生在奥地利贫民窟的十多岁的穷小子在日记里发誓长大后要做美国总统,经过几夫几夜的思索后,他拟定了一系列的连锁目标:要做美国总统,首先得做美国州长;要竞选州长,必须得到雄厚财力后盾的支持;要获得财团的支持,就一定得融入财团;要融入财团,最好娶一位豪门千金;要娶一位豪门千金,必须成为名人;成为名人的快速方法,就是做电影名星;做电影名星之前,得锻炼好身体、练出阳刚之气。于是,他就按照他心里的这个想法,一步一步地付诸于行动,勇敢地开始从最基础的锻炼身体做起。

于是,在不长的时间内,他成为全国的健美先生,继而成全全美及至全世界最叫座最受人欢迎的好莱坞大明星;然后,他顺理成章地结识了著名的肯尼迪家族的一位姑娘,并与她结了婚;再然后,他开始进军政坛,开始了他的政治计划。2003年,他成功竞选成为美国加州州长。当某一天他以美国总统的身份站在世界人民的面前时,相信了解他的任何一个人都不会惊奇!这个人就是阿诺德·施瓦辛格。

施瓦辛格的经历告诉我们:敢想——给自己的人生一个宏伟的规划,不做平庸之辈;敢做——立即行动,步步为营,每实现一个小目标就为最终的辉煌创造条件。敢想敢做,你的所有的目标都会实现。

创新并不是高不可攀的事,每个人都有某种创新的能力。而职场中的许多人都有一种惰性,没有创新精神,也就不可能有创新的行动。一切都按固定的模式去做,结果做来做去,平平庸庸,没有丝毫改变和进步。而那些敢想也敢做的人,却会依靠自己独特的创意,就轻易成功。

有位职业医生,经常到外地行医,一去就是几天几夜。有时赶不及。便在汽车上过夜,很不方便。汽车上为什么不安一张床,供跑长途的司机休息用呢?

有了这个想法,他便一有空就琢磨汽车安床问题。终于,他设计出一种汽车座位卧床,很简单,只要对汽车座位稍加改进,改为两用,合上,是车座,推开,就成了活动卧床。这项发明非常切合实际,极受汽车司机欢迎。试用后,医生便把这项专利卖给了汽车制造商,获得1200万日元。从此,他便不再行医,专门从事实用小发明了,而且取得了惊人的成就。

创新思维的开启其实始于创新的意念。有了创新的意念,才能将创新更好地付诸行动。创新思维是可以培养的,只要拥有创新的意念,整天想着去发现,创新的念头和思路就会源源不断地涌现出来,各种新奇而有用的创意和发明也就会随之而来,成功也会随之而来。

皮包或各种提包是人们日常用的,有些时候,用起来很不方便。为何不改进一下?有位学生对此着了迷,一心琢磨如何改进提包才能省时省事,又使用方便,保存简单。经过反复对比,设计了多种方案后,他挑中了任意折叠式。这种皮包,使用时打开,不用时可以折叠,易于保管。然后,他把这项专利卖给了皮箱制作商,得到30万元。这虽然对他来说也是一笔大收入,但如果他不卖掉专利,而是采用技术入股的方式转让技术,那么,从这种皮包的销售来估算,他现在可能是亿万富豪了。

以前汤面店送餐时大都是以脚踏车运送的,把汤面饭盒放在脚踏车的后架上,车子一摇动,面汤就会溢出来。这是生活里常见的难题,因为这个,常会弄出车祸来。

家住目黑区的当麻庄司,大学毕业后在汤面店帮工,常常遇到这种难堪的事。为什么不设计一种不溢汤的运送器呢?说干就干,当麻庄司一有空就研究这种器械,精心钻研,绞尽脑汁,想出了许多方案,又尝试了许多材料,终于设计一种装有弹簧装置的汤面运送器,当车子摇动时,外面受到震动,而面碗却因为弹簧的作用力反而稳定不动了。

设计出这种运送器之后,当麻庄司便去找厂家生产。制造商一看这种产品,马上意识到它很有市场,当即拍板投产。当麻庄司以技术入股的方式,转让了这项发明专利。每台售价1.3万日元,每台的提成佣金是1000日元。当麻庄司分得了十亿多日元。

创新是一个永远不老的话题,创新并不是少数几个天才者的权利,每个人都能创新。创新的关键,就是要敏锐地发现人们没有注意到或未重视的某个领域中的空白、冷门或薄弱环节,改变思维,突破定势,破除条条和框框,大胆地想,勇敢地做,那些精彩的创意必然会带你进入成功之门。

第十五章　进取:永不停下追求的脚步

积极进取不仅是一种优秀的品格,也是一种人生态度,更是一种做事方法。拥有进取品格的员工在任何时候都不会气馁,不会退缩,不会放松,不会泄气,他们从来不安于现状,而是一次又一次地勇敢挑战,在挑战中不断超越别人也超越自己。这样的员工,想不成功都难。

1 积极进取才能在职场找到自己的位置

积极进取不仅是一种优秀的品格，也是一种人生态度，更是一种做事方法。积极进取主要强调每个人对自我的正确认识、对周边环境的正确对待、对人生道路的信心和希望。

对于员工而言，积极进取的品质是成为一个优秀员工的前提。因为在这样一个竞争激烈的时代，安于现状、不思进取的人是不可能找到自己的位置的，稍有懈怠就有可能被挤出被淘汰。

在职场，只有主动工作、积极进取的员工，任何时候也不放弃，才可以尽快在职场中找到自己的位置，并获得成功。

一位电台主持人在自己的职业生涯中遭遇了18次辞退，她的主持风格被人贬得一文不值。最早的时候，她想到美国大陆无线电台工作。但是，电台负责人认为她是一个女性，不能吸引听众，理所当然地拒绝了她。

她来到了波多黎各，希望自己有个好运气。但是她不懂西班牙语，为了熟练地掌握这门语言，她花了3年的时间。但是，在波多黎各的日子里，她最重要的一次采访，只是有一家通讯社委托她到多米尼加共和国去采访暴乱，连差旅费也是自己出的。

在以后的几年里，她不停地工作，不停地被人辞退，有些电台指责她根本不懂什么叫主持。

1981年，她来到了纽约的一家电台，但是很快被告知：她跟不上这个时代。为此，她失业了一年多。

有一次，她向一位国家广播公司的职员推销她的清谈节目策划，得到他的肯定。但是，那个人后来离开了广播公司。她只好再向另外一位职员推销她的策划，这位职员对此不感兴趣。她找到这位职员，要求他雇用她。此人虽然同意了，但他却不同意搞访谈节目,而是让她主持一个政治节目。

她对政治一窍不通,但是她不想失去这份工作。于是她“恶补”政治知识……

1982年的夏天,她的以政治为内容的节目开播了。凭着她娴熟的主持技巧和平易近人的风格,节目期间听众可以打进电话来讨论国家的政治活动,包括总统大选。

这在美国的电台史上是无先例的。

她几乎在一夜之间成名,她的节目成为全美最受欢迎的政治节目。

她叫莎莉·拉斐尔。现在的身份是美国一家自办电视台节目主持人,曾经两度获全美主持人大奖。每天有800万观众收看她主持的节目。

在美国的传媒界,她就是一座金矿,她无论到哪家电视台、电台,都会为他们带来巨额的回报。

莎莉·拉斐尔说:“我平均每一年半,就被人辞退1次,有些时候,我认为这辈子完了。但我相信,上帝只掌握了我的一半,我越努力越是坚持,我手中掌握的那一半就越庞大,有一大,我终于赢了上帝。”

“我赢了上帝”这句话曾经作为标题,出现在美国的许多媒体上,包括国家电台对她的一个访谈录。

也许,我们的人生旅途上沼泽遍布,荆棘丛生;也许,我们追求的风景总是山重水复,不见柳暗花明;也许,我们前行的步履总是沉重、蹒跚;也许,我们需要在黑暗中摸索很长时间,才能找寻到光明;也许,我们虔诚的信念会被世俗的尘雾缠绕,而不能自由翱翔;也许,我们高贵的灵魂暂时在现实中找不到寄放的净土……但是,只要我们有积极进取的品质和不怕困难的勇气,我们一定会最终收获到那枚叫做成功的果实。

2 敢于面对任何挑战

美国钢铁大王安德鲁·卡内基在描述他心目中的优秀员工时说："我们所急需的人才，不是那些有着多么高贵的血统或者多么高学历的人，而是那些有着钢铁般的坚定意志，勇于向工作中的'不可能'挑战的人。"

每一位在职场中拼搏并希望获得成功的员工，都应该把这句话铭刻在自己的记忆深处！

如今享誉全球的麦当劳公司就是在莫里斯·麦当劳和查特·麦当劳两兄弟不向困难屈服，敢于向"不可能"挑战的精神中诞生的。

20世纪20年代，这对"不安分"的麦当劳兄弟毅然告别乡村老家，勇闯美国著名影城好莱坞。

1937年。历经多次挫折的兄弟二人，抱着永不服输的念头，借钱开办了全美第一家"汽车餐厅"，由餐厅服务员直接把三明治和饮料等送到车上——也就是说，麦当劳兄弟二人最初办的是路边餐馆，定位于服务到车、方便乘客的这种经营方式。

由于形式独特，用餐方便，餐厅很快一炮打响，一时间他们的"汽车餐厅"在当地独领风骚。后来人们纷纷效仿，办"汽车餐厅"的人日益增多，麦当劳兄弟的生意大不如初，而且每况愈下。

在激烈的竞争面前，麦当劳兄弟没有丝毫的退缩、沮丧和消沉，而是继续冥思苦想着再一次勇敢超越自己的良策。他们摒弃了原有的"汽车餐厅"的服务理念，转而在"快"字上大做文章，打出了"想吃花哨和高档的请到别处去，想吃简单实惠和快捷的请到我这儿来"的全新经营理念、吸引了千千万万的顾客蜂拥而至，从而一举获胜。

但是兄弟二人并没有满足于现状，而是继续敢想敢干，敢在

“冒尖”和“出奇”上制胜。比如后来陆续推出使用小纸盘、纸袋等一次性餐具,进行了厨房自动化的革命等一系列措施来不断迎接新的挑战。麦当劳终于成为世界最大的快餐店。

正是因为麦当劳兄弟有了这种不断战胜和超越自我的决心和勇气,并将这种决心和勇气付诸于实践当中,才使得他们把在一般人眼里已经很好或根本不可能的事,彻底推翻或改写,从而一步步迈向快餐业霸主的地位。

勇于向“不可能”的任务挑战,是一个人事业成功的基础,是一个积极进取的员工毫不犹豫的选择。西方有句名言说:“一个人的思想决定一个人的命运。”不敢向高难度的工作挑战,是对自己的潜能画地为牢,最终只能使自己无限的潜能化为有限的成就。

“职场懦夫”永远不要奢望得到老板的青睐。如果你羡慕别人的晋升,那么,你一定要明白,他们的成功绝不是偶然的。在复杂且竞争激烈的职场中,正是秉持勇于“挑战不可能完成的工作”这一原则,他们磨砺生存的利器,不断力争上游,才在众多的竞争者中脱颖而出。

信心会给予你百倍于平常的能力和智慧。因为“自信的心”能够打开想象的心锁,让你能够驰骋在理想的空间,赋予你实现梦想的“关键元素”——足够的能力和智慧。

其实,很多看似“不可能”的任务,困难只是被人为地夸大了。当你冷静分析、耐心梳理,把它“普通化”后,你常常可以想出很多有条理的解决方案。

因此,当你接手一项颇具挑战性的任务时,一定要马上行动,不能犹豫。很多事情并不像你想的那样困难,你可能会很顺利地就做完了。即使第一次没做好,你也不要被恐惧吓倒。同样要积极地行动起来。你可以认真分析一下问题的关键所在,看看自己做的是否符合上司、老板和公司的要求,是否对公司很重要,如果你找不出解决问题的方法,可以与同事讨论或向上司请教,赢得他们的支持和帮助,然后再去做。

如果任务确实有难度,你还可以将它细分成容易执行的几个小任务,各个击破，一步一步地完成。当你始终处于行动的状态中时，你就不会感到恐惧的存在，因为任务的难度已经在你的积极行动中降低了。

聪明睿智的老板一定是注重结果的人，他比任何人都明白，那些胆怯的观望者们永远也不可能得到自己的认可，而那些敢于向困难向结果挑战的人，才具备走向成功的资本。

3 不断学习，积极进取

我国有句名言："宁为有瑕玉，不做无瑕石。"玉虽有瑕但终归是玉，石虽无瑕但终归是石，玉、石不可同日而语。一个有真才实学的人，尽管他会有一些缺点、毛病，但瑕不掩瑜，他终归是一个有真才实学的人。一个平庸的人，尽管表面上看起来无可挑剔，但终归是个平庸之辈。人生一世，具有真才实学才是根本。才是立足于世、立足于职场的根本。

人非生而知之，而是学而知之。只要愿学习，肯学习，持之以恒，必然成功。孔子告诉我们这样一条做人之道："三人行，必有我师。"只要你愿意学，机会多的是。为人处世中，愿意学习和不愿意学习，其结果大不一样。有的人先天条件好，因而自得其满，这些人往往是一事无成。

不断学习，积极进取，是个人的明智之举，它提高的是职业人士的竞争力。无论是拿出专门的时间去学习，还是在工作中不断学习，作为职业人士，都要从工作的实际需要出发，选择适合自己的充电途径，实现充电的最佳效益，最终拥有再次驰骋职场、决胜职场的能力。

有一天，一位僧人对师父说，自己参禅时间已久，修行到位，欲结束参禅，下山去。师父问，已经领悟到佛之真谛了？回答说，是，已全部领悟到了。

师父说，拿木桶来，到河边装满石头回来，僧人就提了桶，到河边装了满满一桶石头，回来呈给师父看。师父看了看，说："再去取沙，装进桶里！"，这个和尚又去取了好多沙来，装进桶里，又装满了,就说:"师父,装满了。"师父看了,点了点头却没做声。和尚以为可以走了,谁知道师父又说:"你再去取些水来倒进这桶里吧。"和尚烦了,但想了想,反正是要走的人,再留片刻,也算不了什么,就勉为其难,再做最后一次,取瓢舀水往桶里倒,水顺着沙石的缝隙,一瓢下去,立即不见了,再来一瓢,再来一瓢,桶并未满而溢出,十来瓢水倒进去之后,才见水迹。这时的僧人,恍然大悟如醍醐灌顶,丢了瓢,跪了下来,求师父收留他再学几年。师父这才问:"悟了吗?"和尚低声答"悟了。""悟什么了?"又答:"自满不是满,心虚才不满。"于是又留了下来,修行多年,最后终于领悟成佛。

世间知识无穷无尽,又有哪一个人敢说自己已经不需要学习了呢?即使是再博学的人,又学会了多少?所以学习是一个永恒的过程,学无止境,活到老学到老,永远没有学完了学尽了的时候。"满"还是"不满"只是相对而言,没有绝对的满,而不满却是永远的。知识的学习,不要自己觉得满,而要觉得不满,觉得是"空杯",才能更谦虚、学得更好。

不虚心学习或是不认真学习,都是不可能有所成就的——哪怕你以前有多么大的本事,如果停止学习,也就不可能有新的进步。聪明的员工会抓住一切的机会努力学习,不断进步,使自己紧跟时代,不会让自满使我们目光短浅,安于现状;不会让懈怠使我们故步自封,坐失良机。

学历只代表过去,只有不断学习才代表将来。在职场,每个人都追求自己不可替代,其中的最佳方法就是掌握新知识,不断学习,使自己更有竞争力。一个出色的员工,必定是一个善于学习的员工。

学习是一种态度,更是一种文化,是一种方法,更是一种哲学,一个善于学习的民族才能不断超越,强大富有;一个善于学习的企业才能做大、做强、做久;一个善于学习的人才能不断进取,职业常青。

生命的意义在于不断进取,人生的快乐在于不断创造。这就需要我们要有不断向上的进取心,来支撑我们一直向前,永不停步。

刚造出来的航海罗盘,没有磁化前,指针方向混乱;一旦磁化,就被一种神秘的力量支配着，指向同一个方向，永远指向那里。在我们的身上，这种神秘的力量就是进取心，使我们向着目标不断努力。它不允许我们懈怠，它让我们永不满足，每当我们达到一个高度，每当我们取得成果，它都会让我们把这当作一个新的起点，召唤我们向更高的境界努力，直到攀上人生的顶峰。

爱迪生、斯旺以及许多科学家在同一时期研究电灯，当时电灯的原理已经很清楚了——要把一根通电后发光的材料放在真空的玻璃泡里，人们在解决一些具体问题——如何让它更轻便、成本更低廉、照明时间更长。其中最主要的问题，也是竞争的焦点，在于灯丝的寿命。

爱迪生全力以赴地投入了这项研究，有位记者对他说："如果你真的让电灯取代了煤气灯，那可要发大财了。"爱迪生说："我的目的倒不在于赚钱，我只想跟别人争个先后，我已经让他们抢先开始研究了，现在我必须追上他们，我相信会的。"

在当时，爱迪生已经声名赫赫，他仅仅宣布可以把电流分散到千家万户，就导致煤气股票暴跌了12%。他本人是冷静的，在设想成为现实之前，他要像小时候在火车上做实验一样踏踏实实地干。他已经是一个改进了电话、发明了留声机、创造了不计其数的小奇迹的著名"魔术师"，但他是这样的人——一旦取得了成果，就把它忘掉，扑向下一个。用来做灯丝的材料，他尝试过炭化的纸、玉米、棉线、木材、稻草、麻绳、马鬃、胡子、头发等纤维，还有铝和铂等金属，总共1600多种。那段时间，全世界都在等着他的电灯。

经过一年多的艰苦研究，他找到了能够持续发光45小时的灯丝。在45个小时中，他和他的助手们神魂颠倒地盯着这盏灯，直到灯丝烧断，接着他又不满足了："如果它能坚持45个小时，再过些日子我就要让它烧100个小时。"

两个月后，灯丝的寿命达到了170小时。《先驱报》整版报导他的成果,用尽溢美之辞。大街上响彻这样的欢呼:“爱迪生万岁!”然而,爱迪生用这样的讲演使人们再次惊讶:“大家称赞我的发明是一种伟大的成功,其实它还在研究中,只要它的寿命没有达到600小时,就不算成功。”

那以后,他在源源不断送来的祝贺信、电报和礼物中,在铺天盖地的新闻中,默默地改进着灯泡,向600小时迈进,结果,他的样灯的寿命却达到了1589小时。

一旦形成不断自我激励、始终向着更高境界前进的习惯,身上所有的不良品质和坏习惯都会逐渐消失,而进取的品格却会一直成长,一直向上,永远向前,永不停步。

所有的成功者无不拥有一颗想飞的心,因为这样的心可以带来超常的思维,帮助自己超越困难、突破阻挠、粉碎障碍,最终达成心中的梦想。所以,要想成功,也要有一颗想飞的心和永远进取的精神才行。

4 每天进步一点点

积极进取绝不等同于好高骛远,积极进取更不是幻想一步登天,积极进取是任何时候也不丢掉自己的信念,任何时候也不轻言放弃,每天都在进步,时时都在努力。

荀子说:“不积跬步,无以至千里;不积小流,无以成江海。”我们的成功也是一样,不管是做学问还是做事业,都不可能是一蹴而就的,都必须经过一个漫长的积累的过程。成功是由一个个小小的目标达成,一次次小小的进步累积而成的。成功是由无数个点组成的完整的生命历程,成功就是每天进步一点点。

前洛杉矶湖人队的教练派特雷利在湖人队最低潮时,告诉球队的12名队员说:“今年我们只要每人比去年进步1%就好,有没有问题?”球员们一听:“才1%,太容易了!”于是,在罚球、抢篮板、助攻、拦截、防守五方面每人都各进步了1%，结果那一年湖人队居然得了冠军。

有人问派特雷利教练，为什么这么容易得到冠军呢？教练说："每人在五个方面各进步1%，则为5%，12人一共60%，一年进步60%的球队，你说能不得冠军吗？"

其实，职场中人也可以遵循这个法则，让自己每天进步1%，只要你保证每天进步1%，就不必担心自己不成功。

世界管理大师戴明博士说："要坚持每天进步一点点，就一定可以成功。"

1950年，美国企业管理学家戴明博士被占领日本的美军司令麦克阿瑟将军举荐给了日本企业界，向日本企业家传授企业管理的"福音"。这个在本国不太受重视的管理学家在日本却大受欢迎，被日本松下、索尼以及本田等众多企业和企业家奉为管理神明。在他的影响下，日本这个一无资源、二无市场、三无创新技术的小国在战后奇迹般地崛起了，成为举世瞩目的经济强国。为表彰戴明博士为日本经济腾飞做出的杰出贡献，日本天皇授予他"神圣财富"勋章。

日本经济的迅速发展使美国企业感到了前所未有的压力。经济形势极为低迷。为什么日本人行而我们不行？为了解开答案，美国人找到了戴明，向他发问：你究竟交给日本人什么"秘诀"，使日本的工业这么快崛起？

戴明说："也没有什么，我只是告诉日本人，每天进步一点点。"

这是一个再普通不过的答案。但正是这个"每天进步一点点"，造就了日本经济腾飞的奇迹。

每天进步一点点是简单的，就是要你始终保持强烈的进取心。迈克·乔丹就是坚持每天进步一点点，而成为美国著名的球星。一个人如果每天都能进步一点点，哪怕1%的进步，试想有什么能阻挡他最终到达成功呢?

获得世界和平奖的画家齐白石,本是一名木匠,后来靠着自学成为画家。他始终不满足自己取得的成就,不断汲取历代名画家的长处,改变自己作品的风格。他60岁以后的画,明显地不同于60岁以前;70岁以后,他的画风又变了一次;80岁以后,他的画风再度变化。据说,齐白石的一生中,画风至少变了五次。在他80岁高龄的时候,仍然坚持每日作画。即使有事耽搁了,他也会在过后把画补回来,因为他的坚持,他晚年的作品明显比早期作品更为成熟,从而形成了独特的流派风格。

可见,每天进步一点点的原则,是成功的人生战略,无论对于精神生活的追求、对于物质生活的追求,还是对事业成功的追求都是如此。我们可以追求短期效应,但目光却应放得更长远些,不要计较一城一池的得失,不要让急功近利蒙住了我们智慧的双眼。

松下幸之助能获得"经营之神"的美誉,全有赖于他的经营哲学:日积月累,做好每一天的事。他常说,自己之所以有所成就,是因为不厌其烦地做好每一天的事。他指出:"我并没有那么长远的规划。珍视每一个日日夜夜,做好每一项工作,这是有今日辉煌的秘诀。遥想当年,我仿佛并没有什么要建一座大工厂的远大规划。创业初期,一天的营业额仅1日元,后来又期盼一天有2日元,达到2日元又渴望3日元,如此而已,我们只不过是热心努力地在做好每一天的工作。"

一个人之所以会成功,是因为他不断地进步,不断地改善。只要你能够每天持续不断地改善,一天改善1%,一年就有好几百个1%的改善,也就是有好几百倍的成长,只要你能够每天持之以恒去做,

1%是一个轻易就能达到的目标,却需要长期的坚持。做到"每天进步一点点"并不容易,因为任何丝毫的进步都不会从天而降,都不能唾手可得,都必须经过一番艰苦的努力。每天进步一点点,贵在每天,难在每天。"逆水行舟用力撑,一篙松劲退千寻",要"每天进步一点点",就要耐

得住寂寞,不因收获不大而心浮气躁,不为目标尚远而情疑动摇,而应具有持之以恒的韧劲;就要顶得住压力,不因面临障碍而畏惧退缩,不为遇到挫折而垂头丧气,而应具有攻艰克难的勇气;还要抗得住干扰,不因灯红酒绿而分心走神,不为冷嘲热讽而犹豫停顿,而应有专心致志的定力。

每天进步一点点,使每一个今天充实而又饱满。每天进步一点点,终将使一生厚重而充实,使成功姗姗来临。

第十六章　自省：在反思中汲取前进的动力

自省就是自我反省，就是通过自我意识来省察自己言行的过程，是发自内心的一种醒悟和学习，其实就是一种"认识自我、否定自我、完善自我、超越自我"的过程。懂得自省的人能时时明鉴自己的对与错，省察自己的是与非，从而能以是克非，以对纠错，不断完善自己，不断超越自己，在自省中汲取前进的动力，最终抵达人生的顶峰。

1 自我反省，以是克非

孔子说："见贤思齐焉，见不贤而内自省也。"意思是说，看到别人的优点，就要设法使自己也具有同样的优点，看到别人的缺点，就要反思自己，看自己是否也存在类似的缺点。曾子说："吾日三省吾身。"从古至今，很多有成就的人，都注意随时省察自己的内心，以是克非，从而不断取得进步。

1995年，Inter浪潮方兴未艾。面对Inter的诱惑与挑战，微软公司的一位董事曾就公司的Inter策略问题征询比尔·盖茨的意见："我们为什么不多做一些与Inter相关的工作呢?"当时，比尔·盖茨用近乎揶揄的口吻回答说："这是一个多么愚蠢的建议呀！Inter上的所有东西都是免费的，没有人能赚到钱。"

但当比尔·盖茨宣布微软不会涉足互联网领域后，许多员工提出了尖锐的反对意见。不少员工直接发信给比尔说，这是一个错误的决定。当比尔·盖茨意识到自己的决定并没有得到大多数人支持后，他花了大量时间重新认识和理解互联网产业，最终，他承认自己此前的决定是武断和错误的。

为了扭转公司的方向，比尔·盖茨亲自撰写了《互联网浪潮》这篇著名的文章。同时，他把许多优秀员工调到互联网部门，也因此取消和削减了许多与Inter无关的产品。那些曾经直言劝谏的员工不但没有受到处分，而且还被委以重任，逐渐成为公司重要部门的管理者。结果，微软公司很快成为了Inter领域的领跑者。

在瞬息万变的软件行业里，自省的精神、直接的沟通、宽大的胸怀以及自我修正的魄力可以让我们临危不乱——从这个意义上说，正是盖茨的自我反省拯救了微软公司。

自省是一种境界、一种态度、是一个错误的终止和一个正确的开端。人生最大的敌人是自己,只有时时自省、弥补缺点、纠正过错,才能了解何事可为,何事不可为,才能在这其中找到生活的真谛。生活中,为什么有的人遭到一点打击就会倒下,有的人在一连串打击面前还能巍然挺立,走向成功?关键是能否适时地跨出一步做好自省。在这个世界上没有绝对的失败,失败的往往是我们对待问题的态度和方法。如果你想永立不败之地,就该反省过去,总结出经验;反省现在,服务于当下,规划好未来。

现实生活中,有些人常常避开自省,对自己的过失藏着掖着、遮遮掩掩,不愿反省自己的过失。有些人反省时就轻避重、就少避多,打"隔山炮",说些不痛不痒的话,没有把反省的功夫做足;有些人客观上反省自己,主观上却把责任推给制度、推给上级;更有些人把反省当走过场,以集体说事,讲些冠冕堂皇的话草草了事。究其原因,是因为没有勇气去正视自己的过失和错误。有的人总感觉自己是正确的,认为丝毫没有反省的必要。更有甚者,怕给自己所谓的"自尊"带来伤害,即使心有所想,也不愿面对。以此态度来反省自己,于己于公、对人对事都是十分不利的。

在通常情况下,大多数人认为自己的思想行为是正确的,即"己正性",很少有人自我否定,即使有人指出自己的过错,也不愿意接受,这通常是对自己有百害而无一利的。那么,如何从内心做到真正的自省,反思过错,以是克非呢?

一是态度,敢不敢真正面对自己。现实生活中,有些人常常避开自省,对自己的过失遮遮掩掩,不愿反省自己的过失。有些人反省时就轻避重、就少避多,打"隔山炮",说些不痛不痒的话,没有把反省的功夫做足;有些人客观上反省自己,主观上却把责任推给制度、推给上级;更有些人把反省当走过场,以集体说事,讲些冠冕堂皇的话草草了事。究其原因,是因为没有勇气去正视自己的过失和错误。有的人总感觉自己是正确的,认为丝毫没有反省的必要。更有甚者,怕给自己所谓的"自尊"带来伤害,即使心有所想,也不愿面对。

二是逆境要自省,顺境更要自省。自省不是单纯的自我批判,而是一种智慧总结。逆境时要自省，顺境时更要自省。当自己得到满堂喝彩的时候应及时反省自己的纰漏，梳理自己的言行，从而找到前进的方向。在自省中，可以总结经验，记取教训；在自省中，可以总结过去，规划未来；在自省中，可以汲取智慧，运筹帷幄，决胜千里。

三要自觉做到自省。正确认识自己的不足并不是出丑。人想要通过自省变得善良、丰富、高贵，底气就是知识的沉淀。要养成好的习惯，勤于自省，虽达不到古人日三省其身，也应经常自省。

人生只有经历了挫折、痛苦、失败，才能使人的心灵变得更加坚强，使人的思想变得更加丰富，人生变得更加完整。失败从来都不是人生最终的结局，关键是我们面对失败时，需要不断地进行自我反省；当我们敢于正视失败，善待失败，积极自省时，才能超越失败，走向成功。

2 自省的关键是自觉

自省，贵在自觉。你是否自省，别人不大知道，也不好强迫。因此，自省的这个“自”字，就太重要了。“自省”的这个“自”字，就是自觉，独处一室之际，自律自责，启迪内心良知，反思自身优劣，克制过分欲望。这对于世间的每一个人，都意义重大。

世间人不管是谁，就算学问再大、职位再高，也不可能没有缺点，不犯错误，百分之百永远正确。自省，就是要经常运用批评和自我批评这个锐利的武器，开展积极的思想斗争，坚持真理，修正错误。自省是一种境界、一种态度，是对自身价值的真正肯定。自省是一种思想境界和觉悟的高度体现，也是人品人格自我提升的表现。

人在一生中会面临各种各样的挫折。面对挫折，有些人往往就此沉沦，而有的则从自省中感悟生活的真谛，汲取人生的智慧，开拓新的旅程。那么，如何从内心做到真正的自省呢？这是我们每个人经常会遇到的一个问题。

自觉做到自省，首先要开阔胸襟，敢于自省。“宰相肚里能撑船”。只有容得下过去，才有进步的动力。其次要渊博知识，善于自省。毕淑敏说过一句话：不读书的人，无论怎样冰雪聪明，只有一世才情，可书中收藏着百代精华。人想要通过自省变得善良、丰富、高贵，底气就是知识的沉淀。再次要养成好的习惯，勤于自省。自省就如一杆秤，权衡了自己的言行，检验了自己的思想，看看是否合乎“平衡”，只有知道了所及和所不及，才可扬长避短，趋利避害。

一次，一位下属因经验欠缺而使一笔贷款难以收回，松下幸之助勃然大怒，在大会上狠狠地批评了这位下属。

事后，仔细一想，松下为自己的过激行为深感不安。因为那笔贷款发放单上自己也签了字，下属只是未摸准情况而已。既然自己也应负一定的责任，那么就不应该这么严厉地批评下属了。想通之后，他马上打电话给那位下属，诚恳地道歉。恰巧那天下属乔迁新居，松下幸之助得知后便立即登门祝贺，还亲自为下属搬家具，忙得满头大汗。而且，事情并未就此结束。一年后的这一天，这位下属收到了松下的一张明信片，上面留下了一行亲笔字：“让我们忘掉这可恶的一天吧，重新迎接新一天的到来！”看到松下的亲笔信，这位下属感动得热泪盈眶。

自省应是自觉的，而不是表面应付的；应是主动的，而不是被动的。人非圣贤，孰能无过？有了过错就必须诚实地面对它，反省它。但是，反省本身有时是一件非常痛苦的事情，它需要勇气，它要求自剖隐痛，有时还事关人格与尊严。尽管如此，要自觉地把不便说的说出来，把不便写的写出来，然后扪心自问：我为什么会这样？如何更正？惟有如此，人才可以完善自己，才可以提高自己，才可以塑造理想的人格。“见人有片善，早去仿学他，盖不见其人之可责，惟责己也。”

一个人若非经常进行自我反省，是很难注意到自身不足的，特别是一些细小的地方，就算自我反省也未必能够发现，我们需要借助别人的双眼来反观自己的不足。虚心听取众人的批评和意见，这是进取心的表现。

不能虚心听取别人的意见，从中吸取教训，我们就不能取得进步，超越自我。

所以，自省应当主动地、自觉地、全方位地、客观地进行，因为主动地自省是在一种平和心态也即平常心态下进行的，在这种情况下自省的结果往往是很客观和到位的，也能产生很好的效果，也利于自身的发展和提高。

3 在自省中汲取前进的动力

自我反省是一种美德，只有经常反省的人才能进步，才能在“上帝关上一扇门后，发现他留出的另一扇窗。”犹太人习惯于在周六长时间反省，因此他们即使再二战中遭受毁灭性打击，战后找到了“上帝留下的窗口”，立即崛起，成为世界上最有名的商人。而那些不会反省的人，常常对那扇通向成功的窗户视而不见，甚至自己亲手把它关闭。

懂得自省的人才能不断成长。如果经常在反省中扪心自问：自己是怎样的一个人？哪些东西对自己最为重要？自己能否把每一件事做得更好？这样的心路历程将会成为一个人在成长过程中审视自己的价值观、质疑自己的思路和锻炼自己的判断力的最好方法。经过了这种方法的考验，一个人会变得更强大、更自信，他的人生目标也会更加明确。从某种意义上说，有过深刻自省经验的人是在潜移默化中让自己的身心接受了一次智慧与道德的洗礼——在一系列类似的洗礼之后，他已经发生了脱胎换骨的变化，这种变化可以驱使他用更加坚定的步伐走向成功，也可以为他带来更多的幸福与快乐。

懂得自省的人更容易得到他人的信任，更容易赢得真正的朋友；反之，不懂得自省、不知道承认错误的人既无法得到他人的谅解，也无法让自己真正融入到社会之中。

如果你曾经在失败面前迷失了方向，如果你不知道如何获得继续前行的动力,那么最好花一些时间,培养自省的态度和勇气,在反思中重新认识自己,在反思中寻求前进的动力。

学会自我反省,就要实事求是,勇敢面对自己的过失或错误,敢于认错。每个人都会有错误或缺点,有了错误,只有认真反省才能避免不再犯同样的错误。同时以开放的胸襟主动接受批评和自我批评,毕竟有时候别人看待我们自己的角度要更客观,因而对我们的过失或错误评判得也就更准确些,也更能从主观上改正我们的错误,让我们回归到一条正确的路上来,引领我们走向成功。

孙明率再次失业了,到处应聘都没有回应,心里十分苦闷。一天晚上,他在自己简陋的寓所沉思。他原本有四个邻居,现在其中两个已经搬到高级住宅区去了,另外两位则成了他原来所在公司的老板。他扪心自问:和这四个人相比,除了现在的工作单位、住宿条件比他们差以外,自己还有什么地方不如他们?聪明才智?凭良心说,他们实在不比自己高明多少。

经过很长时间的思考和反思,他突然悟出了症结——自我性格情绪的缺陷。在这方面,他不得不承认自己比他们差一大截。

虽然是深夜3点钟,但他的头脑却出奇的清醒。站在镜子前,他觉得自己第一次看清了自己,发现了自己过去的种种缺点:爱冲动、妄自菲薄、不思进取、得过且过,不能平等地与人交往等等。

整个晚上,他都坐在那儿自我检讨。然后他痛下决心,从今天起,一定要痛改前非,做个自信、乐观的人。

第二天早晨,他满怀自信前去面试,结果顺利地被录用了。在他看来,之所以能得到那份工作,与前一晚的沉思和醒悟让自己多了份自信不无关系。

在走马上任后的两年内,孙明率凭着自己的努力,逐渐建立起了良好的口碑。有一段日子,公司经济状况很不景气,很多员工情绪都很不稳定。而这时，孙明率意志坚定，已经是中流砥柱了。他力挽狂澜，让公司渡过了难关。鉴于他在危难时期做出的贡献，公司分给了孙明率可观的股份，并且给了他丰厚薪水。

从孙明率身上，我们可以看到，并非所有的成功都来自于你的行动，更重要的是发现自己的不足，完善自己性格情绪，只有这样才能在事业中不断前进，实现自己的梦想。善于反省的人正是在反省中发现自己的不足，并努力修正不足，并从中汲取前进的动力，不断向前，借此实现自己的人生愿望。

一个学会了反省的人，就能在不断的反省中汲取前进的动力，世界上再没有任何艰难险阻，可以妨碍他走上成功的道路。

第十七章　专注：执著于自己的目标

专注就是专心致志，就是一心一意，就是执著坚持，就是把所有的精力都集中于一点，不为任何事情干扰，不达目标不罢休的精神。一心一意专注于自己的工作，是每个员工获取成功不可或缺的品格。因为每一个人的时间、能力、精力都是很有限的，如果你想在各个方面都取得巨大的成功，那是不可能的，专注于一点，才是成功的秘诀。

1 专注就是集所有的精力于一点

专注就是专心致志，就是一心一意，执著坚持，就是把所有的精力都集中于一点，不为任何事情干扰，不达目标不罢休的行为。

太阳光怎样才能点燃一堆火？答案很简单，用凸透镜把所有的光聚集在一点上就行了。一个人怎样才能创造奇迹？答案也很简单，把所有的精力都投入到自己的目标中去就行了。

曾经有人问爱迪生："成功的首要要素是什么？"

爱迪生答道："每个人整天都在做事。倘若你早上 7 点起床，晚上 11 点睡觉，你做是就整整做了 16 个小时。其中大部分人一定一直都在做一些事，不同的是，在于他们做很多很多的事，而我却只做一件。如果你们将这些时间运用在一件事情、一个方向上，一样会取得成功。"

爱迪生号称"发明大王"，一生做出了 1093 项发明，涉及光、电、磁、机械、化学、生物等诸多方面，似乎更像一个"通才"。但他的"通"是建立在每段时间只专注于一项发明基础上的。如果他想一遍研究电灯、一边研究蓄电池、一边研究留声机，那么最后他可能什么发明都搞不出来。

很多人、很多企业最常犯的错误就是没有把自己的精力集中用在一个点上。他们总是兴趣广泛、爱好众多、贪心不足，站在这山望那山，朝三暮四，浅尝辄止，不停地挖井，一辈子喝不到水。很多才华横溢的人，会做的事情太多，所以什么都干，到头来什么都没干成，就是因为没有专注，没有将所有的精力聚焦到一个点上。为什么越是才华横溢什么都会的人越是干不成事；而越傻的人却越能做成事，道理也在这里。因为他是"傻瓜"，他就会那么一点，也因为他是"傻瓜"，所以他别的也不会，也不去想、不去干,只知道在一条道上走到黑,正好聚焦到了一点,发挥了专注的巨大作用。因此,与其百事平平,不如一事精通,分散精力的人注定会失败。

很多人将很多精力白白浪费在许多无谓的事情上,因为他们没有聚焦。他们经常在彩虹下游移,错过了许多季节,到头来他们的事业和生活"竹篮打水一场空"。能够在这个世界上独领风骚的人,必定是专心致志于一事的人。伟大的人从不把精力浪费在自己不擅长的领域中,也不愚蠢地分散自己的专长。所以,一个聪明的员工一定是一个懂得培养自己的专注精神的员工。

当然,要培养专注的工作精神,形成专注的习惯,并非轻而易举之事,特别是最初几步是非常艰难的,你需要找准方向,然后小心翼翼地穿越心灵的原野,让正确的、通往目标最近的那条心灵路径一步一步向前延伸,一点一点变得开阔。

树立毫不动摇的目标是培养专注精神的捷径。优秀的员工,他们之所以能始终如一地专注工作,就因为他们心中有毫不动摇的工作目标,并向着这个目标一步步迈进,坚决抵制任何诱惑他们放弃自己目标的倾向。

一个没有目标的人,光是集中精力全力以赴是不够的,永远也不会在世界上留下什么痕迹,因为摇摆不定的他将在职场中迷失自己,使自己越来越弱小,致使无法胜任任何工作。精力必须集中在某些持续不变的目标上,才可能创造美好的前程。

2 专注才会成功

一个人的精力是有限的,是不可能将所有的事情都做完的。只有专注于最重要的事,你才能更有效地使用你的精力;完成一件事后再开始做下一件事,才能提高效率。在工作中不是每一件事都同等重要,我们在用有限的精力去面对多件事情时，就要学会从中选出最重要、最需要马上处理的事情，专注地把它做好。千万不要眉毛胡子一把抓，这是最没有效率的不智的一种方法。铁棒为什么能磨成绣花针？秘诀只有一上，就是专心致志地磨，坚持不懈地磨。许多成功者都是掌握了这一秘诀的人。

有个初中毕业的荷兰农民，无法在大城市找到工作，只好回到小镇，但是小镇也没有适合一个初中生的工作，他只好去了镇政府看大门。

看大门的工作实在是太清闲了，实在没有什么事做时，这个青年选择了最费时费工的打磨镜片作为自己的业余爱好，他每天就这样不紧不慢、不慌不忙沉着性子打磨，日复一日，月复一月，年复一年，他这样磨呀磨，不知不觉 60 多年过去了，除了看大门，60 多年以来他只做了一件事——磨镜片。但是正因为他专注于这一件事，他磨镜片的技术也成为全国一流的，而且他还因为磨的镜片实在太好，可以把微小的物体放大好多倍，从而使他发现了从来还没有被人发现过的另一个神奇的世界——微生物世界，他的发现震惊了全世界。

为了表彰他为人类作出的卓越的贡献，初中文化的他被授予巴黎科学院的院士，英国女王还专程到小镇会见他。

这不是传说中的故事，而是实实在在的真实的人物，这就是科学史上最著名的发现微生物的荷兰科学家万·列文虎克。

可见，只要专心致志地坚持不懈地去认真做一件事，这件事一定会带给你成功的喜悦。很多天资不高的人之所以能够比聪明人的成就更大，只因为他们掌握了认真专注这个秘密武器。再有能力的人如果把精力分散在很多工作中，他致力于每一件工作中的精力就会很少，这样当然很难把工作做好，其结果肯定远远不如那些能力不大但专注于一件工作的人。有很多看起来很聪明的人，忙忙碌碌地同时做很多事情，看起来好像他们能力很强。可是往往到最后，这些人并不能真正做成什么事。反而，这世上有许多人，看来很弱，也没什么了不得的才能，却能成就伟大的事业，其秘诀还是在于他们有着非凡的认真专注的工作精神,认清目标,集中全力,不彷徨,不迟疑,坚持到底,成功一定会到来。

牛顿一生中的绝大部分时间是在实验室度过的。每次做实验时,牛顿总是通宵达旦,注意力非常集中,有时一连几个星期都在实验室工作,不分白天和黑夜,直到把实验做完为止。

有一天,他请一个朋友吃饭。朋友来了,牛顿还在实验室里工作。朋友等了很长时间,肚子很饿,还不见牛顿从实验室里出来,于是就自己到餐厅里把煮好的鸡吃了。

过了一会,牛顿出来了,他看到碗里有很多鸡骨头,不觉惊奇地说:“原来我已经吃过饭了。”于是,牛顿又回到了实验室工作。牛顿注意力高度集中到了做实验上,竟然会忘记自己有没有吃过饭。正是这种高度集中的注意力,使牛顿在科学的领域建立了丰硕的成果。

著名物理学家李政道博士年轻时,没有静心读书的环境,他就在人声鼎沸的茶馆里找一个角落读书。开始,嘈杂的人声使他头昏目眩,但他强迫自己把思想集中在书本上。经过磨炼,再乱的环境也不能把他从书本上拉开了。

一个人只有专注于一个目标,才能在这个目标上取得成功。一生只做一件事,你就能取得惊人的成就。

法国著名作家巴尔扎克年轻的时候,曾经营出版、印刷业,但由于经营不善,他的企业破产了,并欠下了巨额债务。债权人经常半夜来敲他的家门,警察局发出通缉令,要立即拘禁他。那时的巴尔扎克居无定所,后来实在没有办法,在一个晚上,他偷偷地搬进了巴黎贫民区卜西尼亚街的一间小屋里。

他隐姓埋名,躲进这间不为外人所知的小屋子里。周围的难民根本没有注意到这位有些落魄,却踌躇满志的年轻人,他终于从原先浮躁不安的心境中平静下来。他坐在书桌前,认真地反思着,多年以来,自己一直游移不定,今天想做做这,明天又想改行做别的，始终没有集中精力来从事自己最喜欢的文学创作。想着想着他顿悟，蓦地站起来，从储物柜里找出拿破仑的小雕像，放在书架上，并贴了一张纸条："彼以剑锋创其始者，我将与笔锋竟其业。"拿破仑想用武力征服全世界，他没做到，而巴尔扎克却要用笔征服全世界。

果然，巴尔扎克在文学上取得了巨大的成就。

所以，一个人做事一定要专注。今天想当银行家，明天又想做贸易家，后天又想成为艺术家的人，注定一生无所适从，一事无成。做人做事都别太贪心，你越是贪心，什么都想要，每一种都要了一些，但没有一样是专精的，最后你只能做一个可怜的乞丐！

专注的人往往会越走离成功越近，而见异思迁的人却总是与成功擦肩而过。有很多这样的例子，有的人换了很多家公司却没有一家让他满意，也没有在任何一家公司得到重用，做出成就来。

乔·丽莎是一家公司的办公室行政文员，工作一年来就是干着打字复印的简单工作，一直觉得自己的能力得不到发挥。一次公司人员调动，她顺利进入了人力资源部门做薪酬专员，虽然学到了点管理知识，但是整个部门在公司里无足轻重，她的工作好坏别人熟视无睹，这让她的工作提不起精神。后来乔·丽莎又辗转来到市场部门，复杂的人际关系让她束手无策。此后，她跳槽去了另一家公司做销售，然而业绩并不好。一路走来，她越来越找不到自己的位置。换了许多新工作，却都业绩平平，没有取得期望的成功。

这就是因为她缺乏专注精神，见异思迁。这类人一遇到挫折、困难与阻挠，就想着逃避，想着跳槽，抛弃了自己的公司，去重新寻找他们自认为适合自己的发展平台与环境。周而复始，这些人永远在不断地选择，而不是在专注地工作，所以他们终究也没什么成就。机会总是隐藏于看似平凡枯燥的工作中，当你放弃了乏味的工作，机会也常常随之消失了。

既然选定了工作，你就应该拥有一个良好的心态，把它看成你的事业,积极努力地把它做好。当周围的人都在跳槽的时候,周围的同事纷纷被人挖走,仍坚守自己岗位的员工,就显得格外珍贵。这些人并非无人问津,但是他们能在紊乱中冷静观察,他们更能认清公司的发展前途,也更能明白,跳槽,更多时候是丢了西瓜捡芝麻。

专注是一种巨大的潜在内驱力,即使你是一个很平凡的人,但只要你有一种顽强的毅力,一种在任何情况下都坚如磐石的决心,一种从不受任何诱惑、不偏离自己既定目标的能力,一种目标明确、不屈不挠、坚持到底、不达目的绝不罢休的恒心,你就一定能够获得巨大的成功。那么,从现在开始,培养专心致志的工作精神吧,一心一意专注于自己的工作,认认真真做好每一件小事,成功一定就在不远处等着你。

3 专心致志做好自己的工作

每一个人的时间、能力、精力都是很有限的,如果你想在各个方面都取得巨大的成功,那是不可能的,在这个世界上再也没有比把自己宝贵的精力无谓地分散到许多事情上更糟糕的事了。

金庸最出名的武侠小说《天龙八部》中有一位聪辩先生苏星河,就是一位把精力分散在各种艺术工艺之中,导致用在武功上的功夫和精力不够,以至后来被专心研武的师弟丁春秋打败,只能装聋作哑创立聋哑派。“聪辩”即是聋哑,因为耳虽聋而心聪,口虽哑而理辩。

苏星河的师父无崖子是一个天纵英明、五百年也不世出的奇才、天才,学究天人,胸中包罗万象,不仅武功盖世,琴棋书画,医相星卜,工艺杂学,贸迁种植,无一不会,无一不精,凡人能达到如此境界,如此修为,不仅有天赋,还要靠一点点运气。有这样的师父,当然是苏星河的幸运,但是,该怎样去学呢?应该全修全通,还是择一而精研?师弟丁春秋选择了精研武功,成为举世惊骇的魔头,苏星河选择了全面学习,成了个通才,无崖子会的他全会,但却远不如无崖子研修得精。按聪明天赋和用功程度而言,苏星河都远高于丁春秋,然而结果却是,凡艺皆通的通才苏星河,被专修武功的专才丁春秋击败了!为避他再袭击,忍辱自扮聋哑,遣散原来弟子,创办了掩人耳目的"聋哑门"。

这就是把精力分散开去的结果。不管你天赋多高多么用功,人的精力总是有限的,分散到各个领域,必然就弱了,自然就不如专心精研的人了。试想,如果苏星河专心研武的话,丁春秋必不是他的对手。

小小的水珠,持之以恒,也能将最坚硬的岩石穿透;气流呼啸而过,却了无踪迹;最强大的人,如果把力量分散在许多方面,那么也会一事无成;最弱小的人,只要集中力量于一点,也能强大得不可思议。

有一个很笨的人想学习功夫,但因为他太笨了,哪个师傅也不肯收他。最后一个师傅被他缠得不耐烦了,就把他叫了过来,然后从地上拿起一根木棍,想教他一招。但是一想这个徒弟太笨,万一出去给自己丢人怎么办?于是他叹息了一声,举起棍子大喊一声:"去吧!"将棍子扔了出去。

这位徒弟也笨得出奇,就把师傅扔棍子这个动作当成教给他的妙招,高高兴兴地去了。以后的日子里,他天天苦练这一招,手中的棍子也从木棍换成了铁棍,并且重量也越来越重。

十几年过去了,突然有一天,一个高手到这里挑战,先后打败了师傅所有的徒弟,最后这位师傅也被打败了。到了最后关头,这个笨徒弟挺身前去迎战,他的脚往擂台上一跺,擂台就地动山摇般地摇动起来。然后他大喊一声"去吧!"紧接着手中上百斤的铁棒飞了出去,速度快得让那位高手不敢接招,只好当场认输了。

这下子,所有人都看着这位"笨蛋",惊奇得说不出话来,他怎么会这么厉害?

秘密是什么呢?就两个字:专注!

这个故事告诉我们:无论多么简单的事情,只要你专心致志地去学、去做,就算你一无所长也能威力无比。

北宋著名文学家苏轼说:“书富如海,百货皆有之,人之精力,不能兼收进取,但得其所欲求者。故愿学者,每次作一意求之。”马克思也认为,研究学问,必须在某处突破一点。歌德曾这样劝告他的学生:“一个人不能骑两匹马,骑上这匹,就要丢掉那匹,聪明人会把凡是分散精力的要求置之度外,只专心致志地学一门,学一门就要把它学好。”横观中外,总揽古今,成功者大多是把精力集中于某一点才获得某个领域的突破的。

我们可能会对很多事情都有兴趣,但人一生的精力毕竟非常有限,在某个领域做出自己的一番事业,已经非常了不起了。这并不是排斥兴趣的广泛性,但在人生的某个阶段,甚至是人的一生,确实需要集中精力,选准主攻的方向和目标,专心致志才能做好你的事业。

不仅在大方向上要专注,在平日工作中,也要专注才能提高做事的效率。专注于一件事情上,至少在做某一件事情的时候要集中精力专注于此,这样才可以使你的思路更连贯,工作才会富有成效。

集中精力才可能最大限度地发挥潜能。像其他装置一样,人体的器官一旦停止运转,在停止一段时间后再去启动时,就必须花更长的时间才能使之恢复到原来的状态。所以频繁地从一项工作转换到另一项工作,是非常浪费时间和精力的做法。

有一次,一个青年苦恼地对昆虫学家法布尔说:“我不知疲劳地把自己的全部精力都用在我爱好的事业上,结果却收效甚微。”

法布尔赞许说:“看来你是位献身科学的有志青年。”

这位青年说:“是啊!我爱科学,可我也爱文学,对音乐和美术我也感兴趣。我把时间全都用上了。”

法布尔从口袋里掏出一块放大镜说:“把你的精力集中到一个焦点上试试,就像这块凸透镜一样……”

凡是大学者、科学家,无一不是专心致志于自己的工作的人。

就拿法布尔来说，他为了观察昆虫的习性，常达到废寝忘食的地步。有一天，他大清早就俯在一块石头旁。几个村妇早晨去摘葡萄时看见法布尔，到黄昏收工时，她们仍然看到他伏在那儿，她们实在不明白：“他花一天功夫，怎么就只看着一块石头，简直中了邪！”其实，为了观察昆虫的习性，法布尔不知花去了多少个这样的日日夜夜。

蚂蚁可以游遍深山老林，而两头蛇永远也走不远。专注于自己的目标，用尽全力去奋斗，我们会品尝到生命甘甜的果实！生活的法则无数次地告诉我们，那些具有非凡毅力、顽强意志的人，经过自己不屈不挠的执著追求，终会换来成功的喜悦，也会赢得世人的崇敬。

专注是一个员工纵横职场的良好品格。一个人如果不能专注于自己的工作，是很难把工作做好的。只有一心一意做事的人，才能受到老板的器重与提拔，才能享受到成功的丰硕和甜美。

第十八章　感恩:生命因此而美好

感恩是生活的智慧,是一种被广泛认同的职业精神,更是一种崇高的品格。感恩让我们学会反思,学会珍惜,学会宽容,学会进取。懂得感恩的人,对生命有着更深刻的理解,也拥有一颗更加宽厚豁达的心。因而他们在工作中更能恪尽职守,尽职尽责;更能同舟共济,真诚合作;更能自动自发,主动积极……带着感恩的心去工作,知恩图报,从而开朗,积极向上。

1 感恩是一种被广泛认同的职业精神

感恩是一种对别人的恩惠心存感激的表示，是一种生活的态度。有了感恩之心的人就懂得孝敬父母，有了感恩之心的人不会怨天尤人，有了感恩之心的人不会唯利是图，有感恩之心的人心中有爱、有良心、有道德。

感恩是美德，也是智慧，是我们立世的基本条件。我们每一个人都得到过其他人的帮助，我们要懂得感恩，学会感恩。感恩让我们学会反思，学会珍惜，学会宽容，学会进取。

有一则流传很广的关于感恩的寓言故事：

有一回，一只在河边饮水的小松鼠，由于一时大意滑到河里去了，于是在河里挣扎，大声呼救。这时正好有只猴子路过这里，看见松鼠在挣扎求生，就捡起一枝树枝，丢给松鼠，松鼠就这样得救了。贪玩的猴子早就忘了这件事，但松鼠心存感激，对此念念不忘。一直想要报答猴子，于是就把家搬到离猴子很近的一棵树上。

后来，猴子蹲在树枝上休息，被一个猎人发现了，猎人用猎枪瞄准猴子。就在这千钧一发的时刻，松鼠飞快地扑到猎人身上，在他的手臂上狠狠咬了一口，猎人疼得惨叫一声，子弹打偏了。

对松鼠如此舍命相救的举措，猴子非常感激，就对松鼠道谢。松鼠说："要不是您在河边救了我，我早就被河水淹死了，我这辈子不知道怎么谢您呢！"又有一天，猴子在一农家菜园里寻找吃的东西，不小心被菜园的主人做的陷阱扣住了，它大声呼救。松鼠听见了，就把所有的同伴都叫来，大家齐心合力把扣子咬断，猴子得救了。

猴子再度向松鼠道谢，说："您救了我的命，我这辈子不知道怎么谢您呢!”猴子到处宣扬松鼠的古道热肠,它说:“松鼠的身体虽小,它的感恩心却是身体的千百万倍!”

羔羊跪乳,乌鸦反哺,松鼠报恩,动物尚且懂得感恩,何况作为万物之首的人类呢?

现在感恩已经成为一种被广泛认同的职业精神。感恩既是一种良好的心态,又是一种奉献精神,当你以一种感恩图报的心情工作时,你会工作得更愉快、更出色。相反,如果失去感激之情,你就会马上陷入一种糟糕的境地,对许多客观存在的现象日益挑剔甚至不满。如果你的头脑被那些令你不满的现象所占据,你就会失去平和、宁静的心态,并开始习惯于注意并指责那些琐碎、消极、猥琐、肮脏甚至卑鄙的事情。放任自己的思想去关注阴暗的事情,你自己也就变得阴暗,并且,从心理上,你会感觉阴暗的事情越来越多地围绕在你身边,让你难以摆脱。但是如果你能让自己保持一颗感恩的心,把自己的注意力全部集中在光明的事情上,你将会变成一个积极向上的人,一个大有作为的人。

时常怀有感恩之心的人,就会变得更谦和、可敬且高尚。每天都用几分钟时间,为自己能有幸成为公司的一员而感恩,为自己能遇到这样一位老板而感恩。“谢谢你”、“我很感激你”,这些话应该经常挂在我们的嘴边。以特别的方式表达我们的感谢之意,付出我们的一部分时间和精力,更加勤奋地工作,这对于我们的老板来说,是比任何物质的礼物都更加珍贵的。

感恩能够增强我们个人的魅力,开启神奇的力量之门,发掘出无穷的潜力。感恩也像其他受人欢迎的特质一样,是一种习惯的态度,是你的一笔珍贵财富。时时拥有感恩的心,它将使你的心灵得到净化,使你更加谦虚,更加受人尊敬和爱戴。当你满怀感激并忠心地为公司、为老板工作时,老板也一定会为你设计出更辉煌的前景!

当我们满怀感激地对待同事,感恩同事时,能够最大限度地得到同事的支持,获得和谐的人际关系工作必然一帆风顺,乐趣无穷,从而实现自我,获得取成功。

当我们以感恩这心对待客户时，我们不仅得到了客户的理解和支持，还会从中得到永久的幸福和快乐。

时常怀有感恩之心，我们就会变得更谦和、可敬且高尚。每天提醒自己，为自己能有幸得到这份工作而感恩，为自己能遇到这样一位客户而感恩。

成功属于我们自己，但应该感谢的人却有很多，毕竟独木难成林，感激才会让我们收获更多。对生活怀有一颗感恩之心的人，即使遇上再大的灾难，也能熬过去。感恩不仅是美德，更是现代员工走向卓越所必备的职业精神。

2 带着感恩的心去工作

优秀的员工应当有一颗感恩的心，带着一种感恩的心态工作，知恩图报，从而豁达开朗，积极向上。

怀着感恩的心工作你就会在意你的工作，在意你的老板、同事等；知道感恩的人，他的为人处世是主动积极、敬业乐群的，未来的前途不可限量。他们会成为公司的栋梁，这也是老板招聘人才的首要条件。

因此，你不要忘了感谢你周围的人，包括你的上司和同事。感谢给你提供机会的公司，因为他们了解你、支持你。大声说出你的感谢，让他们知道你感谢他们的信任和帮助。你是否曾经想过，用一种特殊的方式，告诉你的老板，你是多么热爱自己的工作，多么感谢从工作中获得的机会。这种深具创意的感谢方式，一定会让他注意到你，甚至可能提拔你。感恩是会传染的，老板也同样会以具体的方式来表达他的谢意，感谢你所提供的服务。感恩其实也是一种生活的智慧，一种处世的哲学，一种感恩的心态可以改变人的人生态度、工作态度。

在一次企业培训会上，一家保险公司的业务主任对员工们说："拥有感恩的心实际上并不难，比如我们向一个陌生人问路，他给我们指了路。实际上,他完全可以不理会我们,但他居然给我们指了路。所以我们必须对他、对这个世界抱有感恩的心。”

《你的降落伞是什么颜色》的作者、美国职业指导专家理查德·博尔斯先生说过这样的话:“我发现,当人们真正感到他们的工作是份礼物时,他们就能从工作中得到乐趣……他们也就会对自己所干的工作充满活力和激情。他们会有一种感觉,就是自己要向这个世界贡献一种独特的东西。”

对工作存有感激之情,可以改变一个人的一生。当我们清楚地意识到自己没有任何权利要求别人时,我们就会对周围的点滴关怀或任何工作机遇都抱有强烈的感恩之情。因为要竭力回报这个美好的世界,我们就会因此而竭力做好手中的工作,努力与周围的人快乐相处。结果,我们不仅工作得更加愉快,而且所获帮助也更多,工作也更出色。

哈佛大学毕业的华裔张小姐就业于美国邮政服务公司,与她相处过的同事都对她的微笑、善良和勤劳有深刻的印象。几乎每一个和她相处过的人都成为她的朋友。

有人不解,就问张小姐有什么和人相处的秘诀。

张小姐微笑着说:“一切应该归功于我的父亲,很小的时候他就教导我,对周围任何人的赋予,都应该抱有感恩的心情,永远铭记,而尽快去忘记那些不快。

“我幸运地获得了这份工作,有很多友善的同事,上司对我的要求很严格,但是私人生活方面对我却很照顾,所有的这一切,我都铭记在心,对他们心存感激。

“一直带着这种感激的态度去工作,很快我就发现,一切都美好起来,一些不快也很快过去。我工作得很顺利,大家都很乐意帮助我。”

是的,同事更愿意帮助那些知恩图报的人,领导也更愿意提携那些一直对公司抱有感恩心情的员工,因为这些员工更容易相处,对工作更热情,对公司更忠诚!

有些员工常常为一个陌生人的点滴帮助而感激不尽，却无视朝夕相处的让自己衣食无忧的企业与领导的种种恩惠，在有意无意当中把公司、把企业给予的一切当作是理所当然，甚至有时候还心生怨恨。这显然是还没有体会到感恩的真谛。

菲利普公司在一次招聘中两个年轻人脱颖而出，最后主考官单独约见了他们，问了他们同一个问题：

“你觉得以前你工作的那个公司怎么样？”

一个面试者抱怨说：“糟透了，同事们像一群吵闹的母鸡，主管简直就是一头嚎叫的驴子！真难以想象我在那里是怎么度过了两年！”

另外一个面试者说：“虽然是一家很小的公司，管理得也不是很规范，不过在我工作的那段时间里，学到了不少的东西，现在才有勇气坐在这里，我很感激原来工作的公司。”

最后录取的，当然是后者！

仔细想想，也许你能够轻而易举地原谅一个陌生人的过失，为什么偏偏对自己的老板和上司耿耿于怀；也许你可以为一个陌路人的点滴帮助而感激不尽，为什么会无视于和自己朝夕相处的同事的种种恩惠？如果有感恩的心对待老板、对待同事、对待工作，相信这样的想法就不会再有，心中只会有满满的感激之情。

感恩是一种积极的心态，同时也是一种奉献的精神，当我们以一种知恩图报的心情去工作时，会工作得更愉快，也会更出色！甚至在公司面临暂时的经济困难时，你也要想办法帮助公司渡过难关。感恩不仅对公司老板有益，对其他人也同样有益，通过感恩，你会发现，感恩是内心情感的自然流露，它使你更积极、更有活力。

3 因感恩而幸福

感恩是一份美好的感情。是一种健康的心态，同时是一种良知。是一种动力。人有了感恩之情,生命就会得到滋润,并时时闪烁着纯净的光芒。永怀感恩之心,常表感激之情,原谅那些伤害过我们的人,人生就会变得充实而快乐。感恩父母的养育,感恩大自然的恩赐,感恩食之香甜,感恩衣之温暖,感恩花草鱼虫,感恩苦难逆境。感恩自己的对手,正是由于他们的存在才铸就了我们的成功。太阳每天都是新的,湛蓝的天空。新鲜的空气,灿烂的阳光,美好的生活,我们有什么理由不快乐呢?一个人如果有了一颗感恩之心,他就是一个幸福的人。

一颗感恩的心,是快乐的源泉。如果我们对生命中所拥有的一切能心存感激,便能体会到人生的快乐、人间的温暖以及人生的价值。

感恩之心会给我们带来无尽的快乐。为生活中的每一份拥有而感恩,能让我们知足常乐。感恩不是炫耀,不是停滞不前,而是把所有的拥有看做是一种荣幸,一种鼓励,在深深感激之中产生回报的积极行动,与他人分享自己的拥有。感恩之心使人警醒并积极行动,更加热爱生活。感恩之心使人敞开胸怀,投身到仁爱行动之中。没有感恩之心的人,永远不会懂得爱,也永远不会得到别人的爱。

在一个闹饥荒的城市,一个家庭殷实而且心地善良的面包师把城里最穷的几十个孩子聚集到一块,然后拿出一个盛有面包的篮子,对他们说:“这个篮子里的面包你们一人一个。在上帝带来好光景以前,你们每天都可以来拿一个面包。”瞬间,这些饥饿的孩子一窝蜂一样拥了上来,他们围着篮子推来挤去大声叫嚷着,谁都想拿到最大的面包。当他们每人都拿到了面包后,竟然没有一个人向这位好心的面包师说声谢谢,就走了。其中有一个叫依娃的小女孩却例外,她既没有同大家一起吵闹,也没有与其他人争抢。她只是谦让地站在一步以外,等别的孩子都拿到以后,才把剩在篮子里最小的一个面包拿起来。她并没有急于离去,她向面包师表示了感谢,并亲吻了面包师的手之后才向家走去。

第二天,面包师又把盛面包的篮子放到了孩子们的面前,其他孩子依旧如昨日一样疯抢着，羞怯、可怜的依娃只得到一个比头一天还小一半的面包。当她回家以后，妈妈切开面包，许多崭新、发亮的银币掉了出来。妈妈惊奇地叫道："立即把钱送回去，一定是揉面的时候不小心揉进去的。赶快去，依娃，赶快去！"当依娃把妈妈的话告诉面包师的时候，面包师面露慈爱地说："不，我的孩子，这没有错。是我把银币放进小面包里的，我要奖励你。愿你永远保持现在这样一颗平安、感恩的心。回家去吧，告诉妈妈这些钱是你的了。"她激动地跑回了家，告诉了妈妈这个令人兴奋的消息，这是她的感恩之心得到的特别关爱。

感恩，是结草衔环的回报，是滴水之恩的涌泉回报。感恩，是一种先付出爱心又得到爱心的回报；感恩，是一种美德，是一种境界。

有位哲学家说过，世界上最大的悲剧或不幸，就是一个人大言不惭地说，没有人给我任何东西。这样的心态，怎么可能享受到幸福和快乐，体会到生活的美好和工作的快乐呢？

有位中学生和母亲吵架后，负气离家出走。由于匆匆出走，未带分文，饥寒交迫，难以度日。几经挨饿受冻后，不得不栖身在一家面店旁，以乞求的眼光希望面店的老板能赏碗面吃。老板很有慈悲心，见状立即煮碗热腾腾的面给他吃，他非常感激老板。老板却说，煮一碗面给你吃没有什么好感谢的。你要感谢的是从小到大每天都煮饭给你吃的母亲，不可随便离家出走以免家人担心！

在老板的开导下，他终于体会到母亲的伟大，出走是不对的。于是他连面也没吃就飞奔回家，远远见到母亲着急的神情，一下子就跪在地上向母亲忏悔了！

感恩，是人类的最大智慧；感恩，是人类的一大美德。常怀感恩之心，我们便能每时每刻都感受到家庭的幸福和生活的快乐。

一颗感恩的心，是你不断前进的保障。人生在世，不可能一帆风顺，种种失败、挫折、痛苦都需要我们勇敢地去面对和解决。这时，是一味埋怨生活，从此变得消沉、委靡不振？还是对生活满怀感恩，跌倒了再爬起来？英国作家萨克雷说："生活就是一面镜子，你笑，它也笑；你哭，它也哭。"你感恩生活，生活将赐予你灿烂的阳光；你只知一味地怨天尤人，最终可能一无所有！

只有做到心存感恩、知足惜福，人与人、人与自然、人与社会才会变得和谐和亲切，我们自身也会因此变得愉快而又健康。

只要我们永远怀着一颗感恩的心去生活，你就会发现生活的美好，世界的美丽，人生的璀璨和生活的幸福。

附　录

测试:你具备什么样的品格?

对下列题目做出最适合你的选择:

1. 你打算卖掉自己的自行车,有人已经付了订金。可你的一位同学愿以高出 100 元的价格买下,并极力怂恿你回绝前一个人,说自己不打算出售了,并奉还订金,你会这么做吗?

A. 有可能。(2 分)

B. 是的,卖主是我,想卖给谁是我的自由。(1 分)

C. 不,我不能对第一个人失信。(5 分)

2. 为了及时赶上晚宴,你闯红灯,险些撞上迎面开来的汽车。这将使你的驾驶执照被扣。如果你申辩说当时开车很小心,只是被迎面开来的汽车灯光照得睁不开眼,才造成了这起事故,交警也许会对你宽大处理。你会这么说吗?

A. 是的。(1 分)

B. 不知道。(2 分)

C. 不,既然敢做就该敢当。(5 分)

3. 你自己不小心弄丢了一只金表。不久你家中失窃,由于买过保险,将会得到一定赔偿。那么你会连这只金表一并申报索赔吗

A. 会的。(1 分)

B. 可能的。(2 分)

C. 不,那样做对保险公司是不公平的。(5 分)

4. 你和同事在饭店小聚,同事付完账后,将收据递给你:“告诉公司,

你是因业务而邀对方吃午餐,这样就能报销 100 元钱。”你会接受他的建议吗?

A. 不,账不是我付的,何必再去捞额外的好处呢。(5 分)

B. 是的,何乐而不为。(1 分)

C. 看情况。(2 分)

5. 你住宿的旅馆客房里有一只你十分喜爱又迫切需要的浴室防滑垫,你会在离开时随身带走吗?

A. 不。(5 分)

B. 是的,反正也不会被发现。(1 分)

C. 很难说。(2 分)

6. 你买了一台 1000 元的电视机,却收到商店寄来的一张 60 元的账单。你会按账单付钱吗?

A. 当然,责任并不在于我呀。(1 分)

B. 不,这太缺德了。? (5 分)

C. 可能会,也可能不会。(2 分)

7. 你利用业余时间工作获得了一笔收入,由于是现金支付,有人建议你就不必去纳税了,反正是双方私下交易的。你会依此行事吗?

A. 有可能。(2 分)

B. 为什么不呢。(1 分)

C. 还是按规定纳税。(5 分)

8. 你想在自己的住房旁再造一间储藏室,房管员认为这是违章建筑。但同时他又暗示,如果你给一点“好处”,就可以同意你建房。你会这样做吗?

A. 会的,何必因小失大。(1 分)

B. 说不准。(2 分)

C. 绝不。(5 分)

9. 你捡到一只装有不少现金和证件的皮包,你会把现金取出而将皮包抛在原处吗?

A. 不会的。(5 分)

B. 也许,如果我当时非常需要钱的话。(2 分)

C. 会的,如果我不这样做,别人也会这么做的。(1 分)

10. 你答应家人早些回家。但下班时有朋友力邀你去看一场演出。要很晚才能回家。这时你会托辞说有紧急公事缠身吗?

A. 很可能,否则怎么说呢。(1 分)

B. 不,告诉家人你的不得已。(5 分)

C. 见机行事。(2 分)

得分 45—50 分:你是诚实正直的楷模,一身正气,磊落坦荡。

得分 35—45 分:虽然有时你也会撒谎,也会有私心,但这并不妨碍你本性里的正直和善良。

得分 25—35 分:你是一个矛盾的人,有时自私自利,有时却能正气凛然。如果能让自己意志更坚定一些,依然不失为一个好人。

得分 15—25 分:你做人做事心思缜密,世故圆滑,但流于自私,缺少了正直和诚实。

得分 15 分以下:你需要重新审视自己的行为,修炼自己的品格。

脑筋急转弯

1. 为什么蝙蝠会经常倒吊着？

因为它胃下垂

2. 一辆火车由甲地到乙地全程需要 6 小时才可到达，如今行驶了 3 小时，火车现在应该在什么地方？

在铁轨上

3. 为什么大家都说小毛吃人不吐骨头？

因为他吃掉的是一个“面人”

4. 什么样的情况下，一加一绝对不等于二？

一大杯水加进一斤面粉中，只会等于一块面团

5. 为什么吸血鬼绝不喝果汁或蔬菜汁？

害怕“汁”里的那个十字架

6. 雄螃蟹喝酒因为怕太太责怪，它在身上喷了古龙香水，同时又漱了口之后才回家，可是还没进家门，大老远就被等在家门口的老婆发现它又喝醉了，为什么？

因为它是直着走回来的

7. 阿比明天要考英文，他听说佛光山的菩萨有求必应，他赶忙上山烧香拜佛，求菩萨保佑他明日考试顺利通过，结果隔天外语还是考砸了，为什么？

因为菩萨看不懂外语，没法渡

8. 一个人郊野遇到 10 只狮子，请问他会变成什么？

十堆狮子大便

9. 化妆品使女人脸变得美丽，却会使哪些人的脸变得难看？

付钱的男人

10. 鸟类最痛苦的事是什么？

死后不能升天

11. 小王带了 100 元去商店买了 75 元东西，但老板只找了 5 元，为什么？

他只给了老板 80 元？

12. 哪种人希望孩子越多越好？

儿童用品制造商？

13. 人死前要做的最后一件事是什么？

咽下最后一口气

14. 龙的儿子与狗的儿子有什么差别？

一个是太子、一个是犬子

15. 2000 年的 1 月 1 日，所有人都在做一件非常重要的事，你记得是什么事吗？

呼吸